YILUO ZAI XIFANG DE
遗落在西方的
广州记忆
GUANGZHOU JIYI

［美］李国庆 主编

［美］李国庆 编译

龙旗下的广州城

SPM
南方传媒

广东人民出版社
·广州·

图书在版编目（CIP）数据

龙旗下的广州城 /（美）李国庆编译 . —广州：广东人民出版社，
2022.7
　　（遗落在西方的广州记忆）
　　ISBN 978-7-218-15552-4

　　Ⅰ . ①龙… 　Ⅱ . ①李… 　Ⅲ . ①广州—地方史—1792-1909
Ⅳ . ① K296.51

中国版本图书馆 CIP 数据核字（2022）第 000969 号

LONGQI XIA DE GUANGZHOU CHENG

龙 旗 下 的 广 州 城

［美］李国庆 (Guoqing Li) 编译

出 版 人：肖风华

选题策划：柏　峰
责任编辑：赵　璐　陈其伟
责任技编：吴彦斌　周星奎
装帧设计：书窗设计

出版发行：广东人民出版社
地　　址：广州市大沙头四马路 10 号（邮政编码：510102）
电　　话：（020）85716809（总编室）
传　　真：（020）85716872
网　　址：http://www.gdpph.com
印　　刷：广东鹏腾宇文化创新有限公司
开　　本：889 毫米 ×1194 毫米　1/32
印　　张：6　字　数：130 千
版　　次：2022 年 7 月第 1 版
印　　次：2022 年 7 月第 1 次印刷
定　　价：49.00 元

如发现印装质量问题，影响阅读，请与出版社（020-85716849）联系调换。
售书热线：（020）85716826

《遗落在西方的广州记忆》丛书序

　　多年前初到美国时，发现大都市多有Chinatown，通称"唐人街"。其地生活的华人多是粤人，讲的华语也多是粤语。如问路，多摇头，偶尔愤愤地回你一句："唐人唔识讲唐话！"仿佛中国人就是粤人，中国话就是粤语。不过事实上早先美国大学的东亚语言文学系也多有教粤语的，敝校则如今还在教，尽管修的人少了。而在有汉语拼音之前，西方数百年来所有词典、百科全书、历史教科书里都有的Cantonese固然是广东人或广东话，Canton指的却是广州。可以说，以广州代表广东以至代表中国，在西方曾经是很普遍的现象。

　　这种现象其来有自。

　　秦末西汉时，南越王国的海外贸易奠定了番禺作为南海沿岸的贸易中心与交通枢纽地位。至唐代，广府已闻名世界。清初中西贸易发达，曾在各处设海关，但最终集中到广东。1757年，清廷将对欧贸易限于广州，是为"一口通商"。也就是说，在鸦片战争迫使中国开放五口通商前的百多年间，广州是除澳门外西方人唯一可进入和从事贸易的中国口岸，承担着外交、外贸等管理职责。所以说广州代表中国也顺理成章。

　　因此，广州历史上接待过无数的西方人，其中有画家、

商人、学者、传教士、外交官，也有来自底层的水手、工人等。他们在广州少则数月，多则数年，很多人甚至较深地融入了中国式的生活。他们以好奇的眼光欣赏广州，以独特的视角记载广州的风光、地理、人文等。虽然由于文化背景的不同和中国传统的博大，这些记载也难免有变形、疏漏的一面。他们实际上塑造和建构的是一个他们眼中的广州，映射到了西方读者的头脑中，逐渐构成了当时西方世界的中国形象。

近代中国天翻地覆，当年广州的山川风物和社会百态多已烟消云散，却被凝固在这些西方人的著述当中了，就像琥珀中的昆虫，历尽岁月，依然栩栩如生。现在的我们可以借此大致清晰直观地看清近代广州甚至中国在西方人眼中的形象。它们不但是研究中外关系和文化互动、中国近代社会生活史的重要资料，即便是一般百姓，也可据以追怀老广州的街坊店铺、寺庙宫观、五行八作、花艇疍家，甚至琶洲砥柱、大通烟雨。

本丛书计划收录的就是这样一些西文旧籍的中译本。

自改革开放后，中国爆发了又一次"西学东渐"热潮，域外汉学和中国学的经典作品被有系统、成体系地引进，对中国思想解放、学术研究等方面产生了巨大的影响，但在游记方面尚欠力度，成系列的也不多见。

我们希望，通过这些遗落在西方的广州记忆，我们可以重温历史上作为中国对外交往门户的广州之风采，发扬其中的和平、对话、交流、发展等人类共同智慧和人文精神，摒弃曾经的愚昧、自大、保守、落后等鄙陋，在新的时代为推动中国走向世界和世界走向中国作出新的贡献。

李国庆

编译说明

在中国近代史上，广州曾经是除澳门之外西方人唯一可以进入和从事西洋贸易的中国口岸，接待过无数的西方人。这些外来者从最初的传教士、水手、商人，到后来的使者、探险家、史地学家、汉学家、科技人员、作家、艺术家等，形形色色。他们对广州的记载，为研究广州历史提供了宝贵的资料。

本书摘取于7位西方人自1793至1919年间游历中国之后所撰写的著作中有关广州及周边地区的文字和图片，汇成一编。它们各自独立之时，或属管窥蠡测；联系起来则是一幅广州近代历史的流年碎影。它们记录的是中国近代一段风云激荡的时光。

乾隆二十二年（1757），清政府宣布撤裁其他海关，西洋贸易由广州一口通商，基本上关闭了对外的大门。即便是被允许来广州贸易的外国人也有诸多限制，事实上并不能进入广州城。其时英国已通过资产阶级革命确立了资本主义制度，又因工业革命而国力大增。伴随着商品经济的发展，英国迫切需要开辟新的市场和广阔的原料产地，广州一口通商不能满足其对华贸易的需要。乾隆五十七年（1792），英国派遣马戛尔尼使团访华，想通过与清王朝最高当局谈判，取消清政府在对外贸易中的种种限制和禁令，打开中国门户，开拓中国市场。当然，处于"盛世"的大清朝断然拒绝了"前来朝贡"的蛮夷的

要求，不过还是以礼相待，在广州礼送他们出境。使团随行约翰·巴罗记下了对广州的简略印象。

这个使团的副使乔治·斯当东带了他时年12岁的儿子随行。小斯当东一路跟同船的中国传教士学习汉语，所以在觐见乾隆皇帝的时候，有幸与之对话，并被赐予荷包一枚。可惜，尽管皇恩浩荡，小斯当东并不领情。在领略了大清帝国的外强中干之后，他积极推动了对中国的第一次鸦片战争，用坚船利炮打开了中国的大门。从此广州不再是唯一的通商口岸。

即便如此，广州对西方人的"解禁"还是经过一个痛苦的过程。英国施美夫牧师于战争刚刚结束就迫不及待地来华考察，在广州待了近6个月，其居住地是沙面的外国商行，大多时间只能在广州城外逛。广州普通百姓的仇洋情绪还相当严重。

情况在慢慢变化。第二次鸦片战争后国门洞开，西方人终于有机会去观察一直梦想要进入的广州城市中心，有了更多的机会获得有关广州的第一手资料。英国外交官密福特和德国银行家恩司诺在广州的活动就相对自由，对广州城内的情况便有了比较真切的观察。可惜的是，100年过去，广州还是那个广州，跟大清国其他地方差不多，停滞不前。前后西方人笔下的广州形象，从想象耳闻居多到亲见亲历为主，结果是从令人神往到令人失望。原因很简单，西方的发展和进步拉大了两者的差距，如果我们不计西方人的偏见的话。

当然，中华民族是一个伟大的民族，有着革故鼎新的优良传统。经过几十年的革命，封建王朝的末日也就到了。本书最后三位作者的广州印象反映了辛亥革命前后的动荡和百废待兴的状况。港督亨利·阿瑟·布莱克对中华文明的了解和对广州社会的观察深刻而细致。英国画家托马斯·霍奇森·利德尔用艺术家的眼光、高超的技艺，给我们留下了广州的历史倩影。其家族跟中国的关系则反映了中国社会的急剧变化。他的哥哥黎德尔1890年前后来华，开办的平和洋行是英商上海"十大企业"之一，除做中英贸易外并有中国玻璃公司，后又有哈尔滨平和洋行（胶合板厂），天津经营皮毛、棉花的平和洋行和武汉的分行等。美国农业科学家弗兰克林·哈瑞姆·金则从一个独到的角度为我们保留了中华农业文明的片段旧貌。此前有大量游记介绍广州的市容、名胜、饮食习惯与休闲生活等，对中华文明之本却鲜有涉及，所以金博士的记录尽管简略，也属难能可贵。

总之，西方人给我们留下的流年碎影让我们看到，作为改革开放之先锋的广州是如何从孤立走向世界、从封建走向共和、从愚昧走向文明、从落后走向强大的。温故知新，广州在上世纪的改革开放中又一次引领了潮流，我们相信她在此后的年代也一样会奋发前行。

需要说明的是：一、本书篇名及标题为编辑根据内容看点拟订。少量图片为作者根据内容增补。二、本书每篇节选自原书中有关广州及周边地区的内容译出。三、书中叙述或观念有失偏颇之处，还请读者多加鉴别。四、本书因所述皆为百年前的事物，且许多名词是从粤语而来，比较难译。译者尽了一切努力克服种种困难，特别是广东方言的还原，但一定还有疏漏和错误的地方，诚请大家，尤其是广州的和熟悉广州历史的朋友指教。

李国庆

2020年3月4日于哥伦布市小叶巷

目 录

英国使团随行巴罗：
乾隆盛世下的忧患

于 1793 年

200多年前，英国第一个作为公使出访中国的马戛尔尼勋爵在觐见了乾隆皇帝之后，带着未能完成叩开对华贸易之门的失望，经广州返国。

在中西交流史上，马戛尔尼使团访华（1792—1794）无疑是一重大事件，对中国此后命运的影响既深且远，西方人记录甚多，有差不多15位参与此行的人留下了他们的见证，其中5种已出版，译成中文的有3种：马戛尔尼著《乾隆英使觐见记》（*An Embassy to China: Being the Journal Kept by Lord Macartney During His Embassy to the Emperor Chien-Lung, 1793—1794*），斯当东著《英使谒见乾隆纪实》（*An Authentic Account of an Embassy from the King of Great Britain to the Emperor of China, 1797*），安德逊著《英使访华录》（*A Narrative of the British Embassy to China in the Years 1792, 1793, and 1794*）。

使团副使乔治·斯当东的《英使谒见乾隆纪实》是此次

巴罗

外交使命的"正式报告"，详于出使中国的整个活动过程，兼及一些具体见闻，因而一直是有关这一历史事件的主要材料。然而后来的学者发现，出于当时现实的考虑，斯当东在其报告中有隐瞒、美化和歪曲事实的地方。

随行的人员中有一位约翰·巴罗（John Barrow，1764—1848），回去后写了一本《中国之旅：在圆明园逗留期间所作的描述、观察和比较，以及随后从北京到广州的见闻》（*Travels In China, Containing Descriptions, Observations, And Comparisons, Made And Collected In The Course Of A Short Residence At The Imperial Palace Of Yuen-Min-Yuen, And On A Subsequent Journey Through The Country From Pekin To Canton*）。

此人出身贫寒，但抱负远大，文法学校毕业后，凭着对知识的兴趣，加之勤奋和聪敏，自学成才。他13岁就出外谋生，第一份工作是担任土地测量员，然后随捕鲸船去北冰洋捕鲸。后来在格林威治皇家天文台小学做教师时，兼职做乔治·斯当东的家庭教师，教小斯当东数学，以其博识多才而又忠诚可靠，深得斯当东的欣赏。斯当东当时是马戛尔尼的挚友和顾问，在接受了使团副使一职后，便推荐时年28岁的约翰·巴罗做了使团运送礼品的总管。回国后约翰·巴罗受聘做斯当东的图书管理员，帮助斯当东写作了那份正式的访华报告。马戛尔尼1796年后任英国非洲好望角殖民地总督，又请约翰·巴罗做了自己的私人秘书。因此，在有关首次访华使团的问题上，他比一般人掌握了更多的资料，特别是当时尚未披露的马戛尔尼有关出使中国的所有记录。

巴罗于1803年从非洲回国之后，终其一生一直在英国海军部任第二副大臣。这是海军大臣手下第二重要的职位。由于学识、阅历和才干出众，他实际主管了海军部近22年。那一时期正值英国崛起，大肆向海外扩张的年代，他促进和主持了好几次非洲和北极的探险。北极至今还有两个以他的名字命名的地方——巴罗海峡（Barrow Strait）和巴罗角（Point Barrow）。

巴罗自中国回去后就被接纳为英国皇家学会会员，1830年又成为皇家地理学会的创始人之一，并担任会长多年。他也是当时英国著名的政治和文学杂志《评论季刊》（*Quarterly Review*）的主要撰稿人，从1809年杂志创刊到他去世，共发表了195篇文章。此外他还出版了10多本著作，包括一本自传。因此，他在当时伦敦政治、思想和文化界颇有影响，被认为是相关主题的权威人士。据说，拿破仑被放逐的孤岛圣海伦就是他推荐的。值得一提的是，他对当时大清

帝国的故步自封、愚昧落后、狂妄自大多有批评，对中国人民却怀有好感和敬意。英国派遣第二个访华使团时他曾出谋划策，但对1840年的侵华战争则未置一词。

他也可能是对中国文化真正感兴趣的人。他的书在使团回国后10年才出版。跟其他著述不同的是，巴罗对已见于其他书的使团在华的行程之类只作略述，更多着眼于整个旅途中的所见所闻，以及由此而引起的比较和思考。全书共10章600多页，内容涉及中国的政治法律、财政税收、农业外贸、科学技术、民情风俗、妇女家庭、宗教信仰、绘画建筑、语言文学、天文医学等方面，简直可称"中国百科全书"。因此，此书一出就大受欢迎，很快被译成德文、法文出版，并被经常引用，成为当时欧洲人有关中国的重要参考书之一。他的思考当中不乏中肯精到的见解，也免不了误会和偏颇。但总而言之，此书为我们了解历史上第一个英国访华使团之行的深远影响、了解当年西方人眼中的中国，提供了一个不同凡响的文本。

以下是该书第10章有关广州的部分内容。这个使团因为身份特殊，在广州匆匆而过，所以巴罗的描述十分简略。不过那个年代留下的记录十分稀少，所以他的片言只语反映了国门洞开前夕所谓的"乾隆盛世"的广州景象，也属难得了。

外国商贾的冷遇

穿越梅岭（Me-Lin）的丛山进入广东省，我们立即感受到民众的行为举止明显的不同。在此之前，使团受到各阶层人民的极度尊重，礼貌周到，可是现在，就连从屋子跑出来观看的农民，也都冲着我们大喊："鬼子！番鬼！"这在他们的语言里是一种侮辱性的称呼，意为"外国鬼子"，是当时的中国人赠予外国人的绰号。很显然，在广州港做生意的欧洲人深受其苦的傲慢无礼态度蔓延到了该省的北部边界，但是没有越过梅岭。江西的民众相对安详随和，文明有礼。我们越深入广东，当地民众对外国人的抵触越明显。不过，王大人①为此及时把南雄府知府训斥了一通，在广东省官员身上取得了立竿见影的效果。他们从此成为我们的东道主了。

这种对外国人的抵触并不局限于上层人士或朝廷官员，而是普遍存在于广大民众之中。就连社会最底层的人，一边争相进入当地外国人的商行，接受最卑贱粗下的工作，为大大小小的主人勤奋周到、忠实热情地服务；一边却鄙视他们，视他们比自己落后许多。有一天，我看到我的中国侍仆忙着晾晒早餐已用过了的茶叶，大约有好几磅，就问他要拿它干什么。他回答说，混在好茶叶里卖。"你就用这种方法，"我说，"来欺骗你们的同胞吗？""不。"他回答，

①即陪同使团南下的通州副将王文雄。——译者注

王文雄

"我的同胞太精明了，没那么好骗。你的同胞愚蠢透顶，好骗得很。"他一脸无辜的样子，继续道："事实上，你们从我们这儿得到的一切，对你们来说都是够好的了。"我佯装生气了，他便说，他指的是美国人。[①]

南雄府（Nan-sheun-foo）城坐落在北江岸边，地势优越，可是城内屋宇老旧，街道狭窄，大片大片的空地，不是荒芜就是废墟。趁着他们往平底船上装行李，我们在一所庙宇内安顿休息。这座庙是专供孔夫子的，同时也作为科举考试的考场。一长溜黑洞洞的屋子，由两排大红柱子从中隔开，形成两条过道，没有家具，没有画图、雕像，或任何装饰物，只有几只纸灯笼吊在柱子之间。泥土地面龟裂不平。在我们看来，这与其说是孔子的庙堂，还不如说是诸如酿酒

---

① 在广东话里，即二等英国人。不过，据我所知，在中国人的心里，美国人和英国人的区别已经不存在了。——作者注

厂、铸铁厂之类的运输通道更合适。两边的尽头有几座小房子，我们就在那里面对付着过了一夜。

我们现在所乘的平底船非常小，因为河水太浅。从全省各地赶来的大小官员，把我们挽留在当地一整天，为的是让我们的医生诊治他们各种各样的毛病。这是王大人推荐的，因为他亲身体验了我们医生的神技。这种时候，我们有了中国人为了实惠而放下架子，屈尊向蛮夷请教的实例。

我们坐平底船航行了两天，便过了我迄今所见到的最原始的崇山峻岭、贫瘠的不毛之地，少见如画的风景。摩天的山峰几乎跨河相接，从远处看，我们仿佛必须穿过一个大山洞似的。过去断断续续坠落的山石阻碍着航道，使得航行险象环生。五块巨大的砂岩，一块叠着一块伸出头来，壁立江边，就好像是从坚固的大山上劈出来似的，人们称之为"五马头"（Ou-ma-too）。江两边远处的大山遍被松树，近处的丘陵则长满矮林，主要是山茶。小小的峡谷里有一簇簇渔民的棚屋，屋子四周种了烟草。

在这些荒山野岭之中，我们发现几座简陋的煤矿。它们凭借山河交界的有利地形，层层挖掘。从平峒①运出来的煤经凸式码头载到船上，然后运送到本省以及江西的瓷窑去。他们不直接用原煤，而是在挖地而成的大窑内把煤烧成炭。碎煤渣粉则混上土，做成煤砖，用来烧他们的小煤炉，煮米饭。

我们于13日②到达韶州府（Tchao-tehoo-foo），在此换

① 从地面进入矿中的横坑道。——译者注
② 英国使团1792年9月26日从英国本土的朴次茅斯港出发，1793年8月21日抵京，10月7日离京，于1794年1月自广州回国。——译者注

乘了大而宽敞的船，河面因为有支流汇入而升高了许多。该城之前的摆渡船大多由年轻女子操作。她们一色的白上衣配裙子，头戴华丽的草帽。除了偶尔从远处瞥到从民居的泥墙后探出的脑袋，或江西大地上劳作的妇人之外，我们已有很长时间没见到女性了，所以这些船家女尽管面貌普通，但在我们眼里就宛如天仙了。在过渡的船客眼里，她们又另有一种身份，尽管不那么光彩，却不仅得到了她们父母的赞同，而且也经由朝廷，或者更准确地说，经由地方治安官吏的批准，因为他们收取了部分嫖资。

在这片山区只见到为数不多的渔夫和苦力，但是陆地人口的不足可由漂浮在水面上的大量棚屋里的人口来弥补。这些棚屋都在杉木排上。它们首尾相连，左右靠拢，最长的一溜上有30—40座小棚屋。这些木排上的居民操各种营生，尤以木工居多。

我们的向导吩咐各船在一块独立的巨石前停下。此石从河边拔地而起，高达700英尺。临河一面陡峭如劈，有一大洞，依山凿出一条通道，由一列石阶延伸入水。我们上岸到石洞口，攀登又一道从石峰上凿出的阶梯，便进入一间宽敞的石室。石室居中坐着一尊菩萨，莲花宝座是从山体上挖凿雕成的。靠河处有一小石缝，燃着一星"黯淡的宗教之光"，与此处的严肃气氛吻合。他们说这是一座供养菩萨的庙，亦是几个老弱和尚的修行场所。石室光滑的一面有不少题词，有的是用斧凿刻在石上的，有的是用漆刷上的。那些和尚住在与这个大石室相连的小洞穴里。从此处又有第三道石阶通向上一层岩洞。这一层也是靠前方一道小石缝透进的

中国帆船

光线照明的，但是石缝几乎被无数的钟乳石填满了。这种钟乳石由洞顶倒挂下来，显然是富含石灰质的水持续不断地渗透而成的，并在继续生长。不过那点光亮已足够让人看到一座巨像带着"狰狞的微笑"。他的头上有一顶冠，一手握着出鞘的弯刀，另一手拿着燃烧的木头。不过人们并不清楚这座巨大的神像的身世，连那些和尚也不例外。他极可能是古

代的一个武士，犹如中国的忒修斯或赫克里斯。古罗马传说
中，库米城的著名女预言家跟观音山里的这一位一样，从山
洞里向迷信的芸芸众生发布关于其命运的神秘预测。似乎也
没有比山洞更好的地方，以同样的方式，来宣示命运的启示
了：

> 神秘的真相隐含在谜语之中，
>
> 在幽暗的洞穴里隆隆地回响。

马戛尔尼勋爵记载道，这座奇特的庙宇令他回想起在葡
萄牙见过的一座圣方济各会的修道院，通常称为软木修道院
（Cork Convent）。"它建在一座几乎掏空了的小山底下，
无数个小室，分别布置成教室、圣器室、食堂，以及一切在
此隐居的可怜的修士们生活所必需的设施。其内部完全由软
木装饰。墙壁、屋顶、地面由软木覆盖，桌椅板凳、卧床沙
发、教堂家具、十字架，所有其他用具也都用软木制作。"

在顺流而下经过的荒山野岭之中，我们看到一些大型
的采石场。巨大的石块被切割成墓碑、桥拱、石梁以及铺路
和其他用途的石材。采制这种巨石使用的工具是锯。每一块
石材都按用途所要求的形状和尺寸，从山体表面往下垂直切
割出来，从而避免了运输途中可能会遇到的困难和人力的浪
费。未成形而需要额外加工的原石绝不会从山体上切割下
来。在这一点上，他们比已故的俄国女皇要更有深谋远虑。
她以极大的代价，借助复杂的机械，好不容易将一块巨石弄
到了她的首都，准备用作彼得大帝像的基座，却发现要切除
它的1/3才合宜。

在广州城与河岸上第一座宝塔之间，有一串这样的采石场，看上去已经被废弃多年了。规规矩矩开采留下的遗迹，宛如一条条长长的街道，两旁是四方形的居室。室壁上等距离排列的四方孔穴好像是为架梁预备的。光滑而平直的四壁，散落各处的一根根独立的石柱，很容易让人犯下安德森（Addison）先生（德国大学的一位博士）所犯过的类似错误。他在法国的都恩城堡把一些毛石采石场误认为远古时代巨大的地下宫殿的遗迹，费心地做了测量。

我们在中国之旅的途中经过的众多高山，大多是远古的花岗岩构造，少数是砂岩，低一些的山岭一般是石灰岩构造，或者是粗灰大理石。除了南部的莱德隆（Ladrone）群岛①和东部舟山（Chu-san）群岛的一部分，我们在中国没有发现火山构造的地貌。不错，形成大陆链的高山很少是由火山作用形成的。这种大自然的杰作，似乎一定需要大规模的火配合，所以我们发现火山作用形成的山脉一般接近海岸，或者完全与大陆隔绝。因此，尽管中国沿海的大部分岛屿是火山岛，但我们在整个中国大陆上的火山构造或温泉中却没有发现任何地热的踪迹。然而，据说各省常常感觉到地震，不过是轻微和短暂的。

从那个石洞庙往南行约7英里，山岭突然消失，我们进

①即万山群岛，位于珠江口外，处于香港主陆地以南及西南、澳门及九洲洋以东的多个岛屿的统称，当中包括大万山岛、小万山岛、东澳岛、桂山岛、外伶仃岛、担杆列岛、佳蓬列岛、三门列岛、隘洲列岛在内的150多个岛屿，现由珠海市管辖。而其他岛屿（澳门离岛，以及香港岛、大屿山等香港岛屿）则分属澳门特别行政区及香港特别行政区管辖。——译者注

入一片广阔的平原，向着南方，一望无际。这种从荒山到沃野，从乏味到美丽，从毫无规划到和谐一致的突兀转换，就如一切鲜明的对比，自然得令人愉悦。这里的乡间现在呈现高度的精耕细作，主要农作物是稻米、甘蔗、烟草。河面因为接纳了无数从我们刚离开的山涧涌出的支流，扩展到了近半英里宽。河汉从两岸向四面八方延伸。到了三水县城，我们发现河水因海潮的涌入而稍稍后退。

10日，我们在广州近郊的一个村庄前停下，大使要在这里会见东印度公司的专员。中国政府准许他在离公司这么远的地方活动，允许他们公司的仆人时常在这里举办聚会，寻欢作乐。村庄附近是大片菜园，所种蔬菜供给城市。在一些菜园里，我们发现一些培育该国珍奇、美丽或有用植物的苗圃。它们也是送到广州出售的。因此，我们不再为被迫在这个地方度过这一天的剩余时光而遗憾了。在众多的珍贵植物中，我们一下就发现了大型的牡丹，有红有白，也有杂色的；优雅的美洲石斛；独特的矿兰花，这样称呼它是因为它没土没水也能长；多种秋葵属木槿，以及该属的其他种；双色的山茶花；大蜀葵；猩红色的苋属植物和同属的另一植物，非常优雅的鸡冠花；有时被称为锡兰玫瑰的夹桃属夹竹桃；木兰科的一种玉兰，一种叶未开、花先放的花。最受重视的是香草鸡蛋花属和双蕊茉莉。我们还在花盆里看到了甜罗勒，以及简直无法辨别的、被称为雏兰的花，有时与茶树杂交，其叶形成一种特别风味；芳香的木犀榄属甜味橄榄，据说也有同样的用途；散发强烈香味的栀子花，被不恰当地称为斗篷茉莉；中国石竹花和其他花。历数其他植物已超过本书的范围。

在水果中，我们见到了各种无花果、三种桑葚、桃、杏、番荔枝、番樱桃、备受推崇的荔枝和杨桃，一种做水果馅饼的上好水果。此外，还有大量的橘子和香蕉。

食用蔬菜中有多种多样的豆子，其中有鹰嘴豆、扁豆、大豆或称调料草，多穗状花序，有一大簇美丽的、暗红色的花朵；西贴努斯属木豆属，它的籽能提供有名的豆奶，皇帝接见大使时，有给大使喝豆奶的习俗；萝卜、洋葱、蒜、辣椒、红薯、空心菜；两种烟草；豆蔻属的姜，量很大，根在糖浆里保存；欧白芥属的芥末，以及芥属东方芸薹，可榨油食用。

我们发现在艺术上有用的植物有漆树属的漆树，还有同属的另外两种；姜黄属的姜黄；红蓝菊属是欧洲草本植物的一个属，用作染料，中国蓼属植物也有同样的用途；棕榈，其扇形的干叶被普通人，特别是住在船上的人当扇子用；棣棠的树皮在印度是当亚麻用的，在中国，我相信人们在某种程度上更喜欢用白荨麻。唯一的药用植物是大黄根，蒿属植物，亦称中国根。

为了表示隆重欢迎我们到达广州，一行巨舟彩旗飘扬，华盖罗列，鼓乐齐鸣，前来迎接。当天中午时分，我们到达了商馆所在地。这是一排欧洲式的建筑，矗立在河的左岸。总督、海关道以及当地主要官员就在这里接见了使团。从这里我们被引导到河对岸。那里已为此预备好了一座临时性的席棚。棚内有一块黄绸，上面用金字写着皇帝尊讳。对着这块黄绸，总督和其他官员行礼如仪，感激皇恩浩荡，保佑我

们一路顺利。

公平而论，中国朝廷及其指派来照料使团的众人，自始至终表现了做主人的慷慨大方，照顾无微不至，态度真诚友好。至少对我们这一行人是如此。我这么说毫无虚荣自负的意思。在长途旅行中，通过每天的接触交流和仔细观察，这些朝廷官员逐渐消除了从小就养成的对我们外国人的偏见。受益于我们的直率和坦诚，以及适当的礼貌和客气，他们似乎愉快地抛弃了官府所要求的那种令人生厌的官场礼节，接受了我们的习俗。王大人和乔大人①常常在我们的座船上消磨晚上的时光。他们两人的美德，怎么赞扬都不会过分。善良友好，屈尊慈爱，照顾周到，从我们进入中国起直到把我们送到广州后离开，他们没有露出过丝毫不悦。这两人可谓是真正的朋友。他们坚持把特使送上"狮子"号，在那里道了最后的告别。分手之际，他们流了泪，显露了诚挚的恋恋不舍和关切。他们离开"狮子"号时神情悲伤，情不自禁。第二天一早，他们派人送20筐水果蔬菜到船上，作为最后的告别礼。后来我们高兴地听说，一回到北京，他们俩升迁了。乔目前在朝廷身居高位，不过，那个性情开朗而友善的王大人，不幸为他的国家光荣捐躯了。至于李向导，我们的中文翻译，我所能给予的赞扬无论如何也不足以表彰他的品德。他十分明了自己所处的危险境地，却从来也没有失职过。在澳门，他悲伤地告别了他的英国朋友。尽管地处帝国最边远的一个省份，他还是找到办法跟朋友通信。特使马戛尔尼勋

①即另一个奉命护送的清朝官员天津道乔人杰。——译者注

爵收到过他好几封信。最近的一封写于1802年3月。所以说，他的感情既没有随着时间的流淌而消失，也没有因为距离的遥远而减退。

按照中国的习俗，外国使节从一踏上他的疆土直到离开，是被视为皇帝的客人来接待的。这种习俗令我们深感不便，因为它阻止了我们以公开的方式来采买许多令人欢迎的小物品。朝廷在这一项上的浩繁开支，可能是限制所有外国使节在京只能居留40天的原因之一。王大人告诉我，为了支付接待我们使团的开销，他们受命从我们所经过的各省银库，每天提取5000两白银，也就是1600磅标准纯银。在北京是每天从户部领取1500两。假定这是事实，而且我觉得也没有理由怀疑，我们就能估算出本使团让中国朝廷花费的总额：

8月6日（进入白河）—21日（到达北京）　16天　80000两

8月22日—10月6日（在北京和热河）　　　46天　69000两

10月7日—12月19日（到达广州）　　　　74天　370000两

总计519000两，也就是173000磅纯银；中国白银3两约等于1磅纯银。

我毫不怀疑朝廷确实支出了这笔钱，但还是很难相信这笔巨款都用到了我们使团身上。在北京时，一个传教士告诉过我，《京报》登过一篇文章，宣扬皇帝对英国使团是如何的慷慨大方。他下旨说，使团驻扎北京和热河期间，每天开支不得少于1500两银子。这位传教士同时断言，朝廷的高官，以及那些有幸被指派了接待外国使节的其他官员，认为这是皇帝赐给他们的最上等的美差。朝廷的拨款扣除实际开

支，等于一笔不小的横财。

王大人确实跟我们解释过，虽然皇上有旨，但经过一系列衙门执行，层层克扣，最后真正花在使团身上的就不是那个数了。他给特使举了一个极好的例子，说明朝廷的拨款有时候是以什么方式操作的。前一年的冬天，洪水泛滥。山东省有一个村庄猝不及防，全村人只逃出了性命，损失了一切。皇帝曾经路过该村一次，于是立即下旨拨10万两银子救济。户部尚书留下了2万两，侍郎留下1万两，郎中留下了5000两，如此等等，最后只剩下2万两到了灾民手中。所以说，中国的道德水平被夸大传扬了。在实际生活中，他们跟其他国家不相上下。

不过，如果我们算上一路不断雇用的大批劳力、马匹和船只的话，英国使团的实际花费也确实不少了。王大人告诉我，为我们服务的人一般不少于1000人，很多时候大大超过1000人。我相信他没有夸大其词。最初从白河到通州，我们有41条船，每条船上平均有15个人，包括水手、纤夫和士兵。这样单单在船上就用了615人。此外还有在乡村收集供给物品的人，接待引导的官员，以及他们数不清的随从人员。从通州起程时，仍有近3000人被招来搬运礼品行李，先经过北京到宏雅园（Hung-ya-yuen），然后又回到京师，总共花了3天。从通州返程到杭州府，我们的船队有30条船，每船至少10人，大部分行程中每船还用20名纤夫。这样单是行船一项就用了900人。

从杭州府到玉山县和从杭州府到舟山，大约共用了40条船，每船12人，也就是480人。此外还有当地官府雇的采购食物的人，为让大船有足够的吃水通过、在不同地段堆集卵石收缩水道的人，以及守护在每个水闸、协助船只通过的人。

从常山县到玉山县走的是陆路，我们用了约40匹马，300到400人搬运行李。

从鄱阳湖到广州，我们一般有26条船，每船20人，包括水手、士兵和纤夫，仅此就总共520人了。

我们使团本身有近100人，但是那几个陪同的官员，他们到底有多少士兵、侍从和当差的，我实在是说不清。他们全是出的特差，自然由朝廷的专款开支。

我们出使这个国家的总开支，包括礼品，不超过8万镑，对大不列颠这样的国家来说实在是微不足道，还不到人们通常想象的数额的1/4。

虽然英国商馆在任何方面比这个国家所拥有的最辉煌的宫殿还要舒适，但是一个特使去跟商贾住在同一个屋檐之下，却有违朝廷惯例。我们尊重他们的习俗，接受了他们安排的住处。那是河对岸花园围绕的一所巨宅，一应欧式家具，包括床、玻璃窗、烧煤的壁炉。到了那儿，我们发现一班戏子正在倾力表演。从剧情看，他们似乎是从日出就开始了。不过他们尖锐的嗓音和嘈杂吵闹的配乐实在难以忍受，经反复劝说，终于在晚宴时叫停了。晚宴就安排在正对戏台的敞轩里。

可是，第二天一大早，他们又重新开场。特使本人再次请求，使团众人也一致附和，这个戏班终于给撤了。这让我们的中国主人大为惊讶，并从这个事例得出结论，英国人对优雅的艺术太缺乏欣赏力了。这些演员似乎是按天雇的。他

们越是卖力地连续表演，越能得到赏赐。戏单上有二三十出戏名，交给主要的贵客选点。他们可以随时开演其中的任何一出。

外国在广州所从事的贸易活动之性质已众所周知，我不再赘言。各国对当地官府敲诈勒索的抗议在欧洲也是连连不断，大家也已耳熟能详。可是至今为止所采取的一切对策都被证明是无效的。最通常的回答是："你们为什么要来呢？你们带来的物品我们并不真正需要，而我们交换给你们的是珍贵的茶叶，是上天没有恩赐给你们国家的，你们却还是不满。那你们为什么这么频繁地拜访一个有着你们不喜欢的海关的国家呢？我们没有请你们来，你们还是来了。你们行为端正，我们以礼相待。请尊重我们的待客之道，不要妄加指责或试图改变它。"这就是那些欧洲人不得不面对的、大清朝官吏的腔调。

因为这种观念，外国商贾备受冷遇，甚至被粗暴对待，公平交易受到敲诈勒索也就不奇怪了。雪上加霜的是，所有的对外贸易被完全垄断在有数的几家行商手中。我认为不超过8家。他们是由官府批准的。大批从欧洲、印度和美国输入广州的锡、铅、棉花、鸦片和西班牙银元，统统要经过这些行商之手。所有输出广州的货物也一样。这么少的几个人所运作的资本之巨，远远超出我们在欧洲所能想象的任何行业。他们的利润一定相当惊人，否则是不可能负担献给广州官府权要的大量而珍贵的礼物的。而后者又要从中分出一部分献给京师的皇上和朝廷各部的大佬。各种各样的玩具、自动机，出自考克斯博物馆的自鸣钟、机械、珍宝，全产自伦敦，现在流入了中国皇帝在各处的宫殿，据说价值不低于200万磅纯银，是广州贡呈的礼品。朝廷的大员不断地从京师下来。来时两袖清风，经过3年，回去时就家财万贯了。很难说富甲天下的和中堂的财产里，有多少是来自广州的，但是他所拥有的对皇帝的影响力，他跟1793年被取代了的前广东巡抚的亲密关系，让人毫不怀疑，其数量一定是相当大的。他的罪状之一，那颗巨珠，就是广州送的礼品。关于这颗珍珠，一位当时在场的先生告诉过我它的有趣历史。

一位美国商人带着这颗珍珠来到广州，期望发笔大财。它的巨大和美丽很快就传遍广州，吸引了官员和商人的关注。他们天天去拜访这个美国商人，开价却远远低于其价值。不过，经过长时间仔细和反复的检查，他们终于开出了一个商人可以接受的价钱，付了定金，并让美国人保有这颗珍珠，到余款凑齐时再交货。为了避免任何变故和误会，装珍珠的盒由买者加了封条。几天过去了，从中国人方面没有传来任何音信。最后，到了所有的外国商人按例移居澳门的时候，那个美国人百般努力也找不到买他珍珠的中国人。不过，他自我安慰道，虽然此行的主要目的没有达到，他还是保有了本钱，何况那笔定金支付此行的开销绰绰有余。回到家里，他毫无顾忌地开了珍珠盒上的封条，却发现他的珍珠已经被调换成了假珍珠，其神形毕肖，不是十二万分地细勘是发现不了的。他的懊恼可以想见。那些人天天拜访他，看来只是为了仿制一颗假珠来调换；他们建议给珍珠盒加封条，是为了有机会神不知鬼不觉地以假换真。不过，外国人跟中国人在这方面也不相上下，难分伯仲。有个叫巴蓬（Baboom）的人，在孟加拉、曼德拉和在广州一样出名。因为无力支付50万镑欠款，他把一盒自称是高级珠子的东西交到一位行商手中，作为抵押。事后发现，那只不过是一盒豆子。

一般认为，外国人在广州鲜有机会得到公平正义。根据这个国家的法律，进出口税应当按照估价征收，实际上却是任凭海关官员随心所欲地决断。尽管朝廷一直三令五申，并对查实贪渎敲诈的官员处以剥夺一切财产的严惩，但是因为接受了他们的礼物，似乎又在鼓励他们这么做。此外，因为广州与京师相距遥远，获得暴富的机会跟接受查处的可能相比，有天地之别。所以，既然权力和机会有利于他们欺诈，诚实就是一种超越中国人道德范畴的美德了。跟英国使团有关的一桩侵占案便是极其鲜明的例证。考虑到"印度斯坦"号装运的是给皇帝的礼物，朝廷指令各个港口不得向它征税。不巧的是广州的行商已经为它跟其他船一样交了税，数目是3万两。于是我们向海关监督要求，根据朝廷的命令，返还这笔税金。可是他只还给布朗尼（Browne）先生14000元，约等于11000两不到，说此数正是大清实收的税金。这是一件无可隐瞒的事，因此不能假定海关监督这么做没有经过深思熟虑。据此我们可以断定，向与广州进行贸易活动的外国人收取的关税，只有多么少的一部分真正进入了皇家的银库。

从他们本国人所付的税金来判断，这个国家的税率是相当低的，但是在有关官员的贪污欺诈下，它却成为外国商人怒气冲天的抱怨对象。可是他们迄今为止从未使用过的恐怕是唯一能伸张正义的方法，即掌握该国的语言，以便能够向朝廷的高官直接反映下级官员的敲诈勒索行为。不管当朝的最高官员有多么贪婪和腐败，他的胆怯本性会让他立即重视大胆、直接、有理有据的控诉人，因为后者有能力让他的失职违法行为大白于天下。这一论断被最近的一个事件再次证明。

这是一桩破产案，官府负有责任，却压制住不让实施。为此东印度公司以及在印度和广州的一些个人的利益将受到损失。商馆的大班德拉蒙德（Drummond）先生匆匆赶到广州衙门，大声地用他背熟了的几句中国话反复叫喊，同时挥舞着一份状纸。结果是状纸马上被送交给总督，那个不公正的决定随即被取消了。要不是大班这样直接告状，而是通过那些小官吏或行商，结果就会是徒劳无功，因为他们利益一致，不想让官府知道。

汉语难学的假设吓阻了广州的外国居民，使他们至今都不敢尝试。他们满足于使用那种广东英语来处理公司的事务。这种生造的破英语是所有的行商，甚至一些小官吏和普通商人认为值得学习的。他们完全忽视了汉语，以及有关这个地球上最有趣和最不凡的国家的所有其他信息。事实上，习得四五千汉字比通常想象的要容易，而这就足够让人清楚明了地就任何一个题目做篇文章了。当然，极度的细心、不停的努力和锲而不舍的精神是必需的。而这恐怕就是少有人愿意在设定的一段时间内掌握一定数量汉字的原因了。气候也不利于这种强化学习。不过如果能在英国打下基础，大部分困难就不成问题了。意识到掌握语言所能产生的巨大优势，法国人目前正尽一切努力倡导学习中国文学，其意图显而易见。他们知道汉字从暹罗湾（the Gulph of Siam）到鞑鞑海（Tartarian Sea），在绝大部分的南洋通用；知道交趾支那①的汉人使用的也是纯正的汉字，而他们已经在那儿牢固地扎了根。日本也是同样的情况。希望英国不会忽视任何有助于跟法国人竞争的方法，如果必要，在这一点上也得一决高下。

实现这一愿望的方法其实很简单。如果东印度公司的董事们设定以下规则，所有想被派驻中国的文书必须先学会500—1000个汉字②，我敢说，由于职位是如此稀少（不超过20），报酬又是如此优厚，像目前这种这些空缺派给了他们家人的情况就不大可能再发生了。主管其在印度事务的高贵的马奎斯（Marquis）已经建立了一个学院，很有可能让其祖国和当地印度人双双获利。威廉·琼斯（William Jones）爵士以及更早的其他几位的努力，已经产生了令人高兴的成果。该公司的属地上，不管是民用还是军用，已经有大量人员，在一定程度上掌握了不同的当地口语。的确，这已经成为一种不可或缺的条件，以便消除当地人根植于心的对我们的偏见，以便和他们竞争。葡萄牙和荷兰采取的是另一种政策。像我们在广州的居民一样，他们跟当地人交流也只使用他们自己语言的混杂语。

瑟伯格（Thunberg）先生讲过一个荷兰人的故事。此人

---

① 交趾支那是旧地名，为今越南南部。——译者注
② 英国已有几本不错的中文词典手稿。其中一本正由蒙突奇（Montucci）博士组织出版。我从权威人士处得知，他经过多年孜孜不倦的学习，已经成功地能写一手整齐而准确的汉字，在其他方面也相当有资格从事这一工作。希望他能得到恰当的支持。——作者注

作为他们商馆的大班在日本生活了14年，在此期间他4次担任出使日本朝廷的大使角色。可是问起日本皇帝的名字，他十分坦率地承认，他从未想到要问一声。事实上，他的主要目的是在设定的时间内积累好几百万弗罗林（Florins）①，因而完全忽略了日本皇帝和他的百万子民。

　　如果我们忽视汉语的学习，也就是愚蠢地把我们和我们的利益完全置于他们的掌握之中，也就完全应该受到我们强烈抗议的敲诈勒索。如果伦敦的贸易完全掌握在8个行商手中，如果前来贸易的外国人既不能说也不能写一句英语，事无巨细只能跟这8个行商以一种类似于这几个外国人所操语言的混杂语交涉，人们自然会问，难道这些外国人会缺少理由，像目前跟中国交易的欧洲人一样，感到受欺诈而愤愤不平吗？这里没有诋毁伦敦商人的意思。即使在目前的状况下，一个中国人来到英国，难道不会在海关发现可抱怨的地方，没有不平或苦恼要倾诉吗？因为不懂我们的语言，他也很可能认为受到了敲诈勒索呢！两年之前，两个中国教士途经英格兰，前往那不勒斯的传道总会。按照他们国家的风俗，每人背上一个小衣服包，手拿一把折扇。他们正好碰上了一个贪婪的海关官员。这种人假借防止逃税，大肆掠夺毫无保护的外国人，并把缴获物据为己有。于是，那两个可怜人被这位关员没收了手上的那一点小财产，背上的衣服包也毫不费力地被缴获下来。我们能责怪这些人视我们为野蛮无情、麻木不仁的民族吗？尽管我们并不应该被看作是如此不

_____

　　① 荷兰货币。——译者注

堪的民族。

　　我们在广州的情况，跟这两个中国教士的情形可以说十分相似。每一个官府的小吏知道，他可以对我们的贸易品强征高税而不会受到惩罚，因为我们没有办法把他的恶行告知他的上司。无论中国人有多么强的欺诈和勒索倾向，只要把事情以正确的方式呈交给他们知道，我毫不怀疑中国朝廷的公正和约束。最近的一件事或许可以拿来做证明。1801年，皇家"马德拉斯"（Mardras）号上的一个水手开枪重伤了一个坐船经过的中国人。像通常一样，中国官府就此事追究下来。不过东印度公司以一种不同以往的方式来应对。不是通过行商作为中介进行解释或辩护，因为行商见了官府最低的小吏也会发抖，而是直接递交总督一份辩护书，由现在的乔治·斯当东爵士，东印度公司属下唯一掌握了汉语的英国人执笔。同时，跟衙门的巡捕就此事也做了几次磋商，也没有让行商参与。迪克斯（Dilkes）船长反诉有些中国人切割他的缆绳，意图盗窃。官府同意将此案交广州的公堂审理。根据中国的法律，要是受伤之人活过40天，死刑就可减为流放。然而官府这次居然偏向此案的被告到如此程度，虽然期限未到，痊愈的可能微乎其微，还是让迪克斯船长把水手领了回去，仅要求他留下一纸保证书，保证如果伤者没活过法定的40天，就把该水手交出来。那人拖了近50天，最终还是死了。衙门送来一封信，告知船长，此案结果如此，他们觉得，把该犯交由他来按其本国法律处置，实无不可。于是，创下了有史以来第一个有利于外国人的判例。

　　经由这种适当的交涉，一个英国公民被免除了不公正和耻辱的死刑，而这本来是不可避免的，就像以前类似的案例那样。到那时为止，把这种事交在那些视我们为蛮夷，不管对我们是如何友好但没有胆量为我们申诉的人手里，官府毫无例外地将一切杀了中国人的外国人，或者他们的替代人，不经常规审讯，立即处死。广州东印度公司的雇员中最熟悉中国事务的一个，在使团逗留期间被问到这个问题时说："我不得不指出，公司的雇员，甚至其贸易活动，在这一方面是极其危险和丢脸的。一桩非常可能发生的意外事故就会置他们于残酷的困境，不要说荣誉体面地去死，能不臭名远扬，或者不连累整个贸易，就万幸了。"不过我们现在刚刚看到了，在再次发生类似事件时，通过直接和迅速地与官府沟通，案子就了结了，不但没有耻辱或臭名，而且双方都体面。

英国传教士施美夫：
城门初开的广州

于 1844—1846

　　1844年，鸦片战争刚刚结束，外强中干的清廷在西方列强的坚船利炮威胁下，签订了一系列丧权辱国的条约，开放中国的五大港口城市——广州、福州、厦门、宁波、上海——为通商口岸，赔款白银2100万两，割让香港岛，并给予外国传教士在中国传教的特权。英国教会趁此机会，派了两名传教士来华考察，为开拓在华传教做准备。这两人当中的一个叫施美夫（George Smith，1815—1871），考察回国之后写了一本书，英文原名是 "*A Narrative of an Exploratory Visit to Each of the Consular Cities of China, and to the Islands of Hong Kong and Chusan, in Behalf of the Church Missionary Society, in the Years 1844, 1845, 1846*"（《1844、1845、1846年代表英国教会传教使团探访中国各个设领事馆城市及香港、舟山二岛纪事》），于1847年分别在伦敦和纽约出版。温时幸的中译本名《五口通商城市游记》。

本书作者在牛津大学先后获得古典文学学士学位、硕士学位和神学博士学位，是英国教会向中国派遣的最早的两名传教士之一，1849—1865年任香港英国维多利亚主教。

施美夫在序言中坦陈，他游历这些中国城市的主要目的是收集统计资料，记录综合性观察，以便就中国的社会、政治及伦理道德各个方面，向英国教会提供客观的评估。然而作者也在序言中说："无论事物看上去与传教活动有无多大关联，只要有助于透视华人风俗与特性，皆非无足轻重或不合时宜，均应素心选录……"因此这本书既非寻常的游记，也不是严格的传教纪事，所记载的人物事件、风俗民情，具有特殊的历史价值，值得一读。广州是作者游历的第一座设有英国领事馆的港口城市。比如广州的博济医院是美国教会在中国开设的第一所现代化医院，在当时它是远东的第一家西式医院。可能一般人不知，这也是伟大的革命先驱孙中山的母校。广州的乞丐广场早已不复存在。而望着今天的新豆栏街，又有谁会联想到，这就是昔日充斥各种垃圾的猪巷？现摘取此书有关广州的部分，稍作修订，罗列于下。希望作者为我们保留的千年未有之大变动时期广州的社会和风俗、人民的生活与特性等诸方面的可贵信息，有助于我们珍惜现在的生活。

一触即发的仇洋气氛

在辽阔的香港湾（habour of Hong Kong）停泊了一星期之后，1844年10月2日星期三晚上，我和麦赖滋（Thomas McClatchie）牧师登上一艘刚雇的当地快船，驶往广州。此行的目的主要是设法雇一名官话①教师，同时也想通过短暂居留及亲眼所见，努力弄清当地情况是否适宜传教事业。我们还希望在当地找到一位和尚，最好既是附近庙宇的住持，又学识渊博，既能作我们的教师，又有权让我们在庙里租房住。这样，我们就会有非常理想的学说汉语的环境，因为庙里的许多和尚讲官话。置身于他们之间，我们的汉语对话能力一定会大有长进。

大约晚上7点，我们起锚。刮着清新的东北风，船顺风而行，时速约达6海里。不久，我们经过千船百舸，穿过海湾，向西南驶去。千灯万盏勾画出的维多利亚新城的街道楼宇，在我们的视线中渐渐淡去，最终完全消失。

船驶过马湾海峡②。该海峡长约1英里，将大屿山岛高

---

① 官话，最早是对官方标准语的称呼。汉语官方标准语早期称为雅言、雅音、通语、正音，明代称为官话，清代又开始称为国语，1956年改称普通话。——译者注

② 香港海峡之一，位于青衣及马湾之间。其北面是汀九，是龙鼓水道与蓝巴勒海峡交接之处。其南面则接近香港维多利亚港西面的出口汲水门。——译者注

耸的山脉与对岸中国内地的悬崖峭壁分隔开来。继续往北航行，我们经过宽阔的珠江三角洲的东部。

我们的船上有两张高大的草编风帆，以活动绳索升降，操纵极需技巧。我们有多次要不时地转变它们的朝向或缩帆，以避开强大的阵风。水手们躺在甲板的各处。船的中央建了一个舱，状似船尾楼，舱顶有个水手值班瞭望。舱的一边挂着软百叶帘。我们躺在舱中，虽然差不多是和衣而眠，但还是获得了一夜安息。

黎明时分，船到珠江入口处虎门，距黄埔仅数里之遥。中午，船到珠江黄埔河段，河面泊满各国的船只。我们的小船从它们身旁轻快地驶过。风渐渐缓和，最终完全停息。此去广州的船速相当缓慢，有时甚至感觉不到船在行进。两岸风景如画，不过许多地方尽是水稻田、香蕉树、柑橘林、竹篱笆，以及为数不多的几个花园，未免有些单调。梯田由山脚顺着山坡一直修到山顶，有些地方看上去岩石磊磊，十分陡峭。星罗棋布的宝塔和当地建筑，风格奇异，将两岸风景点缀得多姿多彩。

临近省城，江面渐窄，两岸的古炮台残破不堪，显示出当朝国库羞涩。两岸房屋渐多，江上本地船只剧增，空中烟雾趋浓，广州应该不远了。不久，中国城市的奇特景象，栩栩如生地展现在我们眼前。

此处江面七八百米宽。船慢慢地沿着江心线向前驶去，经过成千上万形形色色的船只。中央王国巨大的贸易市场，吸引了东方各国的船只前来牟利。敲锣声，时而可见的燃烧锡箔的场景，嘈杂喧嚣的鞭炮声，以及形形色色的水上居民看到我

们时脸上露出的生动好奇的表情，使眼前的景象生机盎然。

岸上，鳞次栉比的房屋几乎一模一样，住满成千上万的居民。宝塔、清真寺、富人豪宅，东一处西一处点缀其中，打破单调的建筑风格。右边，不列颠的国旗飘扬在领事馆的屋顶上，让我们感到即使在这么遥远的地方，国家地位也得到尊重。

不久，我们看到了外国商馆，便驶了过去。岸边泊满了大小船只。我们在男女船民的喧闹声中，好不容易才靠了岸。上岸不久，即得到伯驾（Peter Parker）①博士亲切的基督徒式的欢迎。

伯驾博士是个杰出的美国传教士，愿意为我们提供临时住处。我们居住未定，租房雇人既不方便又得开销，便决定接受他的盛情。数小时后，两张床搬到了我们的房间，摆在一头，房间另一头安置了桌子，以备教学之用。

我们抵达广州之际，民心格外躁动。两个世纪以来的不平等交往，统治者又常使用诽谤性的布告煽风点火，使得民众滋生了敌视外国人的情绪。遗憾的是，外国人又往往不能自律，盛气凌人，干出些道德败坏的事，无疑是火上浇油。

鸦片战争曾一度减弱了这种仇洋气氛。英军用狂轰滥炸造成的血腥恐怖换来特权后撤离了广州高地，当地民众将此看作是怯懦的表现。对这一误解，清朝官员无意纠正，以免自贬中华国威。当地有识之士对北部地区战争状况颇为了

---

① 美国传教士，1834年来华，1835年在广州开设了博济医院。这是中国第一家西医医院，也是孙中山的母校。——译者注

解，对朝廷定期以"平夷"为名赔偿的赎金，深感民族屈辱。然而，广州民众的想法别具一格。他们把未能在本地区尽歼英军，归咎为朝廷的贪污腐败与怯懦无能。他们甚至踌躇满志，决心在下一场战争中，绝不让西方蛮夷轻易逃脱。

停泊在江上的英舰炮击西郊造成了严重的破坏。大量游民充斥本地，显然没有生计来源，无所事事，胆大妄为，敲诈打劫。下层民众将这一切记在外国人头上，更坚定了对外国人的仇恨。每一件能使他们想起民族耻辱或让他们嫉妒的东西，会激起新一轮的愤怒。计划重建数月前被纵火焚毁的英国商行便属于这类事。

美国人在当局眼中要比蛮横的英国人好得多，却同样为民众所蔑视，尤其是最近发生过一起美国人在公共场所争斗中开枪打死中国人的事件之后。美国领事馆屋顶上的风向标是一支箭，人们认为是最近当地发生灾难的不祥之源。为此，一群愤怒的民众聚集在外国人的商馆门前，决意要捣毁那象征毁灭的标志。应当局某人的私下请求，美国人撤除了这导致骚乱的东西。虽然敌意暂时得到缓解，但没有根除。公共墙上还贴着许多公告，威逼当地承包商和劳工不要重建外国人的商馆，否则格杀勿论。因此，重建工作中断，而骚乱则随时可能发生。

在此关键时刻，两广总督耆英发布公告，下令禁止扰乱社会治安，这场运动才暂时得以平息。耆英是个性情平和、思想开明的人。当局亦不时公开表彰某地具有"绅士与学者风度"，用各种方式来反复宣传下级服从上级的职责，兼而抨击蛮夷恶毒的暴行。在这样的时期，显然不宜评估性情平和

的当地人对把贸易、科学与西方宗教引进远东之人的看法。

在广州居住的6个星期里，很幸运，民众一直都很平静。我们发现反感情绪主要集中在底层。虽然他们人数最多，但对社会影响却不大。我们随后的经历将会显示，民众的这种思想状况给我们的工作带来诸多不便，甚至危险。头两三天，我们参观了人们常去的各种地方，看了一些新奇的东西，刻意去感知一个值得注意的民族的举止、性格、天赋、艺术、文明程度，以及道德、社会、宗教等状况，尤其是这个民族长期受排外政策的束缚，未曾得到过正宗基督教的影响。

然而，我们的时间很宝贵。我们觉得，来这充满迷信与偶像崇拜的黑暗国度的目的不是科学考察，不是寻求充实世俗知识，也不仅是想更多地感知这块异教徒家园的民族特性。

所以，到达两三天后，我们便延请了周先生做老师，请他来我们住处，并安置了他的办公室。周先生是当地人，30年来，曾先后教过已故的马礼逊（Robert Morrison）[1]博士及其仍在服丧中的儿子。说起两人，尤其是马礼逊先生，周先生充满感情。若非去世，马礼逊先生一定会为他养老送终的。他来见我们东道主时，已囊中羞涩。马礼逊先生去世不到两个月，他就被香港政府解除公职，穷困潦倒，赤贫如洗，而家中有九口人要养活。于是他求救于我们的朋友伯驾

---

① 英国伦敦会传教士。1807年1月31日来华，9月7日到达广州。马礼逊抵达中国时年方25岁，遵照伦敦会的指示，他努力学习中国语文，仿效中国生活方式，1809年起在英国东印度公司广州办事处任职。他除充当中文翻译外，并行医传教。——译者注

博士。周先生虽然才55岁，但看上去要老得多，面黄肌瘦。他承认过去一度染上鸦片烟瘾，但已立誓戒除。对此，我们常常怀疑是否真如其言。我们聘他为家教，发现他看上去精力不济，但阅历丰富，颇为可取。

河①对面有个佛教寺庙，名海幢寺②，但人们更多称之为"河南庙"。庙里的住持和尚也来拜访过我们，非常正式，极显中华礼仪之美。他极力打消我们想借住他寺庙的计划，声称庙在河对面，离欧洲人开的商馆较远，因此会不安全，且有遭公众嫉恨之忧。他认为我们白天去见他会比较安全，但晚上在庙里过夜，于他于我们都不便，有可能身遭不测。他建议我们在当地包一条船，住在河上。那样的话，他愿意做我们的客人，与我们在一起。

显而易见，我们不能接受这个建议。要是行得通的话，唯一的选择是聘他为家教，来我们的住处讲课。问题主要在于他的独立地位，他不愿被当作佣工，而只能作为朋友。他已任方丈3年，根据寺规，任期届满，退隐闲居。海幢寺是广州最负盛名、香火旺盛的庙宇，他已获得平生最高殊荣，夫复何求？按照相传已久的惯例，他从庙里的进账中得到丰厚的津贴，并得到特许可以云游他国。此项规定也许意在避免前后任方丈嫌隙，同时亦可增长见识。

他曾一度渴望游历美国，为此请教过一位传教士。他也曾有意随马礼逊先生游历英国。未料马礼逊突然去世，这一

① 珠江广州河段。河南现为海珠区。——译者注
② 海幢寺位于南华中路和同福中路之间。原来规模宏大，是清代广州佛教四大丛林之一（其他三寺为光孝寺、华林寺和六榕寺）。——译者注

切打算皆落空了。他留下来与我们共进晚餐，身着一袭黑长袍，头上丝发不留，在餐桌上格外显眼。他在细微之处显得殷勤，询问我们的年龄，为我们盘子里夹些水果、蜜饯。遵循中华礼仪，我们还不得不吃，以示感激。根据寺规，和尚戒酒戒肉。但此时此地，这位和尚似乎并无多大顾忌，用筷子尽情享受盘中之物。他整个举止充满绅士风度，既谦卑又庄重。虽然在相识后期我们觉得他贪婪傲慢，但以他这样的身份访问欧洲，将会是我们与中国交往中的一个重要的里程碑，也许还会相当程度地改变当地人对我们的态度。①

在他离开之前，又有一位客人来访。此人在欧美颇负盛名，是当代耶稣教在华传教活动的第一颗硕果，亦是他同胞中第一位华人福音传教士，名叫梁阿发②。他看上去60岁左右，身材魁梧，性情开朗，令人肃然起敬。他似乎对我们的到来很感兴趣，兴致勃勃地加入交谈。

看着眼前这位为主的荣耀而皈依的华人，我们心中欣喜万分，此种心情只有身临其境才能体会得到，如沙漠中一叶绿洲，令疲惫的眼睛为之一亮。我们3人之间似乎有些惊人的相似之处。一面是个当地学者，博学多识、受人尊敬，然而

---

① 此人的肖像收藏于伦敦中国展览会，目录编号为1032。展览会业主证实，在收集中国各种古玩样品时，曾得到该方丈鼎力相助。——作者注

② 广东省肇庆府高明县古劳村人，中国基督教重要人物。1810年梁阿发在广州洋行学印刷期间结识英国传教士马礼逊和米怜。1816年11月3日，米怜在马六甲替梁阿发施洗。1821年12月，梁阿发在澳门被马礼逊立为中国第一名更正教的传教士。1828年，梁阿发和古天青在广东高明县设了第一所基督教的私塾。它既是小孩子读书的学校，也是早期的新式教堂，除了教中文以外，也教西方的科学地理知识和英文。1832年刊行《劝世良言》9卷。——译者注

盲目崇拜，不知真神与救世主耶稣。另一面坐着个华人，在学说方面或许稍逊一筹，却为神灵教化，得到上帝的隆恩。在我们眼中，世俗的智慧与神的智慧的区别，就是大自然与神的恩典的区别。我欣慰地看到，梁阿发与和尚之间没有不恭之举。他们相互致意，和睦交谈。一个具备基督教徒的谦卑，一个具有华人真正的教养，两人言谈举止之间不露任何嫌隙。对梁阿发，可以这么说，他既不畏惧迫害，也不怕长期流放到马六甲，亦不受周围异教的影响，大胆地向救世主忏悔。为此，我们庆幸最终能聘他为我们的教师，每日教授几小时官话。

　　此后，我们潜心学习汉语，亦不时访问当地允许外国人去的地方，留意感兴趣的事物与信息。

进入广州城是一种冒险

　　广州是中国南方历史悠久的城市。本地的历史学家力图将广州市的历史追溯到远古，以至不惜引用传说与神话。当地的经典史书记载，4000年前大禹曾差一位大臣到南方，掌管"华丽都城"及周围地区。对此，我们不想多置一词，而是直接跳到合理记载的时期。据史书记载，当时广州就是中国南方重镇，城建可观，人民勤劳，贸易发达，具有一定程度的文明。而在那时，由于我们祖先的野蛮行径，不列颠遭到文明世界的排斥，不能与之交流；各国强盗屡屡入侵我国，烧杀掳掠。基督诞生前两个世纪又25年，中国南方的人民已起义多年，成功地反抗了秦始皇的暴政。现在广州的所在地当年被旷日持久地围攻，腥风血雨，笼罩在恐怖之中。秦王的军队最终被击溃，围城被解。直到大约公元200年，这些南疆叛乱部落才归顺汉高祖刘邦。

　　有人认为，基督纪元开始，印度与广州便有相当多的交流。此论甚是牵强。唐朝年间，大约公元600年，广州才成为正规的商城，有了明文的规章制度，并收纳关税。然而，当时敲诈勒索盛行，常常迫使外商另觅他处销售商品。弃广州而他顾的贸易曾一度使交趾支那得利。于是，交趾支那与广州成了竞争对手，敌意甚浓，时而发生公开战争。

　　广州在发展贸易与提升自身价值方面尽管遇到这些障

碍，还是发展迅速，国际交流日益扩大。一位伊斯兰教徒在9世纪末访问广州，他的游记被公认为真实可靠。[1]以下，我们引用他对当时的一场叛乱，以及屠城的记载："最后，他（黄巢）终于得胜，攻破城池（广州），屠杀居民。据熟悉中国情形的人说，不计罹难的中国人在内，仅寄居城中经商的伊斯兰教徒、犹太教徒、基督教徒、拜火教徒，就总共有12万人被他杀害了。死于这场叛乱的四大教教徒，数目确凿，因为中国人的文史档案特别好。"关于这一时期，该游记还写道："汉府（Hanfu，即广州）是买卖人的聚集处，中国皇帝派有回教徒一人，办理（已经得到皇帝允许）前往该处经商的回教徒的诉讼事务。"那位游客走近省城广州，看到一座高塔，形状结构与其他建筑不同，经询问方知是座约千年历史的伊斯兰清真寺。[2]

历经动乱、战争、杀戮，以及其他天灾人祸，广州由半文明的状态进入商业史上的一个重要纪元。那是16世纪初，好望角航线的发现使得中国与欧洲的贸易交流更为频繁扩大。葡萄牙人一马当先，英国、西班牙、荷兰冒险家紧随其后。不幸的是，这些工业和平发展、贸易欣欣向荣的时代，由于满族人征服中国，又一次受到扰乱。

广州人民效忠明朝，在当地一位皇子的领导下，揭竿起

---

[1] 当是《苏莱曼东游记》，一本有关中国情况的最早的阿拉伯文著作，其中提到的叛乱指的是黄巢起义。——译者注

[2] 即怀圣寺，位于广州市光塔路，是伊斯兰教传入中国后最早兴建的清真寺。古代这里曾是阿拉伯商人聚居的"蕃坊"。寺称怀圣，是教徒怀念伊斯兰教创始人"至圣"穆罕默德之意。它是中国和阿拉伯国家友好往来的重要史迹。——译者注

义，向清兵宣战。不久，八旗军攻克邻省。广州与围城之敌苦战，打退多次进攻，最终陷落。究其原因，很可能是广州提督与攻城之敌秘密交易，允其保留原职，变节背叛。有些当地史书惊心触目地记载了随后的大屠杀，受害者高达70万。广州古城被焚。现在的广州市是在废墟上逐渐重建起来的。在清廷统治下，广州经历了一段持续的安宁，成为中国第一个贸易都市。满洲旗人对外国影响十分警惕，一直限制广州与外国的交易。改朝换代期间，社会动荡，流寇盗匪应运而生，大发战争之财，甚至到今天仍为地方一霸。他们的存在也说明了警察治安不力。

以上的记叙，虽不完整，但也概括了广州在历史变迁中的盛衰。广州具有东方城市的通性，了解了广州，对中国城市就有了大致印象。城市周围没有特别引人注目的景观，城外是大片平原，已开垦种植庄稼。东北方向，远远望去，有一陡峭的山脉。城市本身，即城墙以内部分，相对来说不大，绕城一圈大约20里。城中有一垛墙，自东向西，分割老城新城。老城为旗人与卫戍部队居住，新城只有老城的1/3，位于老城的南边。两边城墙都延伸向珠江，距江边一二百米。郊区物业昂贵，占地大于市区。

政府部门安排有序，相互制约。两广总督的私宅在新城，官邸则位于城西数里之外。为了便利，他可以住在城内，然而却不能将手下兵将带入城中。广东巡抚坐镇老城，拥有一支小部队。巡抚也就是广东代理总督或副总督，一般来说位居两广总督之下，在许多方面却不受两广总督节制，因此有时形成对立，这样就保持了权力制衡。为了防止总督之间勾结，或总督与巡抚手下以治安为目的的军队之间结党营私，还有一个满洲将军率一支八旗劲旅驻守老城，一则牵制文官，二则抵御外敌。在其他政府与金融部门中，这种相互制约的原则也发挥得淋漓尽致，目的就是维持这一外来王朝对中国的集权统治。

也许，这种猜忌限制的政策源于满洲旗人的特性。他们缺乏安全感，惧怕土生土长的本地人。他们听说西方蛮夷强盛，尤其是英国人，只用了一个世纪时间，便由一个默默无闻的小国，改朝换代，将整个印度置于自己的管辖之下。因此，这种恐惧心理，加上对本地人的不信任，导致他们坚持排外政策，长久以来不准外国人靠近京城，并在布告中对外国人百般辱骂。即使在广州，欧洲人尽管享有《南京条约》给予的诸多便利，出了城也难保生命安全。

我们多次寻求教师帮助，对广州进行考察，总不能如愿。有一回，我们看到了油栏门，那是离外国商行最近的城门。我们遇到的欧洲人，没有一个在最近两年敢冒险出城。例外的只有一个海军上尉，他出城不久即遭遇枪林弹雨，也不得不逃命，身上还伤痕累累。仇洋的暴力行为，长久以来得到鼓励，当局现在也许无力控制，也许还是始作俑者，利用民众的暴力来阻止欧洲人的入侵，以免屈辱清朝统治者。

清朝官员给英美领事的公文中总是一成不变地表示欢迎外国人来广州，同时亦申明无力约束民众，不能确保享受豁免权者不遭袭击。我们只能寄希望于当地人不断地感受到欧洲人举止文明，交易公平，处事公正，尤其是道德日渐高尚，逐渐缓解并最终根除这种敌意。

新来乍到的外国人听说广州人口逾百万，自然会流露出惊讶或不信的表情。然而，一旦见到密密麻麻的街道，稠密的居民，匆忙的行人，拥挤在1.5米至2.7米宽的街巷里，不由他不信。要是在欧洲，这样的拥挤会让人连气都难喘。新鲜感一过，满心的羡慕就变成了失望。

我们离开外国商行（中国人称之为十三行）前的空地，经过旧华街（Old China-street）、新华街（New China-street）、古董街（Curiosity-street），以及名称与外国人居住区相关联的街道，看到一条接一条难以称之为街道的狭窄的街巷。游人一路向前走去，他会看到狭窄的街道继续一条接着一条，使他的脑中渐渐留下印象，这就是广州街道的普遍特征。

忙碌的商人、技工、理发匠、小贩及搬运工沿街而行，偶尔听到苦力突如其来的大声吆喝，提醒路人大件物品过来了，赶紧让路，以免碰撞。不时可见大腹便便的旗人、地位显赫的商人乘二人或四人抬的轿子经过，使此单调的景致略为改观。然而，尽管路上如此繁忙喧闹，却很少见到事故或争吵。

河上亦是如此，一切有条不紊。疍民不下20万，他们祖传的家业在水上。他们秉性谦和善良，逢船让路，迁就别人。这些疍民显示了泰然的处世哲学，因此不为日常琐碎问题烦心。偶尔船只受损或毁坏，也能以惊人的坚韧与耐心处之。

我们将视线由疍民转向市郊街道，到处可见对身外之物同样知足的态度，很难分辨究竟是狭小的岸上住所还是居家小船更令主人满足。中国街道具有罗曼蒂克的风韵。街道两边店铺林立，橱窗向外延伸，上面摆着当地土特产、家具以及各种商品，琳琅满目。橱窗中竖着标牌，由上而下写着店内销售的各种物品。当地艺术家在标牌书写上大显身手，好像他们的书法可以显示店内出售的物品质地优良。许多标牌带有独特的店铺标志，此做法在两百年前的伦敦甚为盛行。

外国顾客踏进店铺，店主会携合伙人或伙计，以形形色色的问候来欢迎，有时会迎上前来握手，竭尽所能地用有限的英语致意。他们会极其耐心地展示物品，即使外国顾客满足了好奇心，一物不买而离去，店主依然笑脸相送，不露一丝失望。

远离外国商行之处，外国人的出现就像西洋景，闲着无事的人们，或50或100人，会很快聚集在店外。由于会话能力有限，常常会出现尴尬场面。在这些地方，店主只会自己的语言，态度客气，但缺少一份殷勤。他们的价格定得略低，可视为一种弥补。用中文书写自己的名字不失为一种赢得好感的手段。有时，八九个盲人乞丐进入店里，赖着不走，嘴里重复唱着出殡似的曲调，手中一刻不停地打着竹板，最后店主或因心烦意乱，或出于怜悯，每人给了个铜板，将他们打发走了。于是，这些盲人乞丐又去他处，故技重施。街上有许多这样的盲人乞丐，很少有人把他们当人看。他们挨家挨户乞讨，走进一家又一家店铺，总能讨得一个铜板。这是他们与生俱来的特权，也是人们对他们的善意纵容。据说，这种施舍养活了成千上万的盲人。许多盲人结帮成派，受帮规约束，一旦触犯帮规，即被开除出帮，失去庇护。

只要有块空地，就有江湖郎中高声叫卖包治百病的灵丹妙药。紧挨着的是狡诈的算命先生，一面正经八百地参阅排列在身前的书，一面向某个诚惶诚恐的人解读他的来生。另一边，几只驯服的鸟在展示它们的聪明技巧，从上百张纸中抽出一张包着铜板的纸，并因此得到一粒小米，以资奖励。稍远处，摆着几个水果摊，老老少少的人们正在挑挑拣拣。离他们不远，几伙人看上去在非法赌博，吵吵嚷嚷，神情专注，十分投入。另一边，摆着一副剃头挑子，剃头匠正在一个同胞的头顶上发挥职业技能。因为缺少顾客，不能开自己的理发铺，只好在此出卖手艺。

　　我们离开周遭形形色色的人群，去看一下在道德与宗教方面较为可取、令人快慰的事。

　　由外国商行出来，我们途经猪巷①。猪巷是广州的一个区，到处是各种各样的垃圾，道德上的，物质上的，应有尽有。猪巷之名虽不祥，却也有几分贴切。走到大约一半，看到左边有扇门，虽然与其他的门没有什么不同，但门边停着几顶轿子，明示着内有贵客。

　　这是家眼科医院，属于医药传教会。②医药传教会于1838年在广州成立。在香港、澳门、宁波及上海有类似机构。该会的主旨是向行医传教士无偿地提供医护助手及药品。那些行医传教士是受英美新教教会组织委派，试图用基督教的医

---

　　① 猪巷，即新豆栏街。——译者注

　　② 伯驾于1835年11月4日在广州新豆栏街租赁房屋并设立眼科医院（时人称之为"新豆栏医局"）。1838年2月21日，在东印度公司的支持和建议下，"中华医药传教会"在广州成立，东印度公司哥利支医生任会长，伯驾任副会长。——译者注

疗技术使生病的中国人得益，以达到向中国人宣讲福音的目的。表面上，医药传教会不干涉传教士的活动，但却期望传教医院定期报告进展状况。以后发生的事件导致医药传教会几乎瓦解。

进入医院后，许多中国人，通常是那些属于社会最底层的人，在楼下就诊。他们脸上挂着不耐烦或焦虑的神情。各种疾病患者，但主要是眼睛疾病患者被带到那里，希望基督徒医生用人道的技术予以纾解。楼上诊室每周工作日可接纳60—100名病人。病人到了楼上，坐着排队，等候传教士的医治。传教士和本地助手坐在房间另一头的桌子旁。

诊室四周墙上挂着各种巨大的肿瘤图画。画虽不精致，肿瘤却是医生亲手摘除的，旨在纪念医院的成果，也为了增强中国病人对洋大夫技术的信心。来这里就诊的有许多面容憔悴的患者，还有许多焦虑的母亲把可怜的婴儿紧紧抱在怀里，他们全神贯注地听主治医生讲每个字，想要从医生的表情中获得一丝安慰。

正是在这种场合，常年遭受疾病折磨的人一旦得到身心解脱，最容易对主感恩戴德。正是在这种场合，基督徒的心容易软化，对同类释放出真挚的怜悯与仁慈。借用本地基督徒梁阿发的话："我在村里、在郊区对同胞讲述耶稣基督与福音时，人们并不在意，甚至出言不逊。然而在医院里，他们的心软化了，愿意认真聆听福音。"这样的机构对传教活动的好处是显而易见的。

主持这所眼科医院的朋友，有幸向约两万名病人展示了基督教的乐善好施。病人中有一两位政府高级官员。希望思想高

尚的耆英不会忘记,一位基督徒曾经为他治愈过体疾。

我们第一次去的时候,看见病人中有位秀才。秀才是已经获得最低学位的文科学生。从他的外表和衣着打扮看,就知是出身寒门,此行来广州刚参加过乡试,想考举人,却名落孙山。穷人通常从家族子弟中选一可造之才,亲戚们鼎力相助,供其读书。这样,他不必为三餐操劳,可以潜心攻读,求取功名,耀祖光宗。由于长时间看书,他一只眼已失明,另一只眼患上早期黑矇①。他打算回归故里,此时将一把扇子赠送给医生。扇子上有他用中文题的即景赞美诗。

那时,我们的两个教师一句英语也不会讲,迫使我们不得不学讲汉语。开始时十分别扭,靠着由英国来的航行途中的恶补,加上一张词汇表和马礼逊的字典,不久我们就掌握了必要的常用语,能与他们交谈了。眼科医院也为我们提供了所需环境,因为偶尔会有病人从各省来此就医。他们中常有北方来的茶商等,会讲汉语,对我们的学习大有裨益。

我们多次目睹了外科手术。中国人在手术中显示出的坚忍给我们留下了深刻的印象。有一回,我们观看了10例白内障摘除手术。有两例是本地资深助理阿投做的,手术干净利落。我们也观看了几例摘除肿瘤的手术。一个可怜的中国人,脖子旁长了一个肿瘤,一直向上长到耳朵,重达6斤多,他在十分痛苦、危险的手术中表现出极大的忍耐力。他不惧疼痛,刚被抬回病床就喊着要喝粥,三星期后还去拜访我

---

① 黑矇,医学上又称为短暂性单眼盲。它不是一般意义上的眼科疾患,而是与脑血管疾病有着非常重要的联系。主要表现为短暂的单眼视力障碍。例如出现视物模糊,看东西呈现雾样或是云片样的改变,视力下降。——译者注

们。一个雅致的年轻女郎，双脚被裹脚布残酷地缠着，蹒跚地走向医生。她的两只耳朵中长了大瘤，极不雅观。在冗长的手术过程中，她表现得坚忍不拔。她的父亲站在旁边，告诉我们这是为她出嫁在做准备。在众多陌生人面前，她表情举止均十分得体。她的服装很漂亮，镶着金边。

有几回，我们看到的景象惨不忍睹：老老少少的盲人一个一个走到医生跟前，却听到令人沮丧的诊断，不是视力尽失，就是恢复毫无希望。他们感恩戴德的是那些人类制造的消除病痛的器械。我们不止一次地看到，病人磕头谢恩，长跪不起。基督教医生想要把他们搀扶起来，规劝他们感激上帝，却往往不能如愿。

当局对这个机构甚是猜疑。不管是真是假，这家医院在传授宗教知识方面十分谨慎，偶尔会引用一段基督教箴言或《新约全书》。那时并没有真正努力让病人皈依基督教。

在城北地区以及城内，有一些中国人信奉罗马天主教。他们中有些人曾一度在这家眼科医院住过院。

广州也有些穆斯林。有人在医院附近指给我们看一个十分体面的中国人。他是个虔诚的穆斯林，曾经远途跋涉，经西藏赴印度，再由那里前往麦加朝圣。

印度祆教徒也为数不少，大多来自孟买，在外国商行占相当大的比例。每天傍晚，他们穿着宽松的白色长衫，偶尔有人穿明艳的粉红色或猩红色的长裤，三五成群走过。他们是商人中颇具胆识的人。他们在贸易中的成功，使他们在东方赢得了犹太人在西方早就赢得的声誉。他们通常讲英语，也会说他们自己的古吉拉特语（Guzeratee）。他们的宗教信仰系统，除去荒诞的仪式，看上去像自然神论，几乎类似无神论。他们不承认盲目崇拜太阳或火。他们声称信仰一个伟大的神，然而，他们对神的概念模糊不清。他们声称需要可见的物体来崇拜，因此转而崇拜火。在他们眼中，火是神创造的最灿烂的东西，最适合做神的代表。他们满脑子无神论的观念，还自以为是。行船出海时，他们会把钱散发给穷人，通常的做法是把钱抛向聚集而来的游手好闲之徒，让他们争抢，这使邻居们十分头疼。印度袄教徒以耽于声色著称，他们的外表，加上庆祝仪式的喧哗，进一步证实人们对他们的看法。

一次，我们在眼科医院认识了一位印度袄教徒，同他聊了有关宗教方面的话题。他自称常与孟买的一位传教士探讨类似的主题。当他提到那位传教士时，神情相当尊敬。有时，他会以十分自豪的口吻谈及他民族的古代辉煌的历史，《波斯古经》（Zend-Avesta）①的庄严圣洁，以及琐罗亚斯德（Zoroaster）②怎样使他的民族脱离野蛮社会进入文明时代。他也谈到在波斯遭受穆斯林的迫害，不得不背井离乡，迁往古吉拉特（Guzerat）③，造成语言、服饰上的变化。他问我们为何基督教有那么多宗派，而不是同宗同派。我们回答道，所有耶稣基督的信徒都具信仰、爱心，并身体力行，尽管宗教仪式或许各不相同，外观迥异。我们向他指出，以我们尊敬的房东伯驾博士为例，在此之前，我们素不相

---

① 印度袄教徒的圣书，通常认为是琐罗亚斯德所著。——译者注
② 公元前7—6世纪期间伊朗的古老多神论的宗教先知。——译者注
③ 印度的一个邦。——译者注

识，分属不同的基督教派。对于我们的到来，他以基督徒的热诚好客来接待。这就是基督徒团结的具体佐证。我们向他讲述了英国及海外圣经公会（British and Foreign Bible Society）①的起源与发展，以此证明基督徒愿意求大同存小异，不分宗派，同心协力，拓展主的王国，向人类宣示主的意志。此后，我们寄了封信给他，随信附了本《圣经》，用的是英国及海外圣经公会的名义。这不仅显示了我们个人对他的关心，也象征着英国基督教派的团结。

---

①　于1805年3月7日在英国伦敦正式成立。当时圣经公会的理事会由15位圣公宗信徒、15位非圣公宗信徒和6位来自海外但住在伦敦或附近的信徒组成，浸信会的约瑟·休斯和圣公宗的约西亚牧师任总干事。他们放下各自对其信仰的执着和对《圣经》独特的见解，上下一心，把《圣经》带到全世界去。——译者注

与官员和商界名流的来往

10月7日，随一群朋友首次访问著名的河南庙。前文已经提到，我们的一位教师曾在该寺做过方丈。我们在外国商行东边不远的地方渡河，上岸处就临近河南庙。

进庙后，穿过一个长长的院子，院子尽头摆着一只用整块石头雕成的具有象征意义的大龟。又穿过一重门，迎面看到两个高大的神像，据说是神化了的英雄，守护着寺庙大门。穿过又一进院落，进入一个前殿，殿内有四座巨大的神像，一边两个，看上去十分凶猛怪异，使人意识到已进入"四大天王殿"。其中有三尊，酷似古希腊、罗马神话中的阿斯克勒庇俄斯（Aesculapius）①、阿波罗（Apollo）②和马尔斯（Mars）③。

一条宽敞的大道由此通往正殿。正殿非常宏伟，和尚们在三尊佛像前做晚课。这三尊佛像，加上众多的其他神像和祭坛的衬托，给人以庄严肃穆之感。许多和尚双手合十站立，口中念念有词，面向菩萨诵经。一个当值的和尚在领诵，伸长着脖子，一气不歇地诵读经文，不时有鼓声、铃声作和。还有个和尚在焚香，燃烧锡箔。整个场景喧哗嘈杂，

---

① 罗马神话中的医神。——译者注

② 希腊神话中主管光明、青春、音乐、诗歌、医药、畜牧等的神，又称太阳神。——译者注

③ 罗马神话中的战神。——译者注

令人困惑，也许可说是乌烟瘴气。

由此出来后，我们被匆匆领到我们的朋友方丈的住处。出于礼貌，我们仍尊称他为方丈。他彬彬有礼地接待我们，即刻奉上茶来。饮茶前，他与我们一一碰杯。接待过后，他派了一个和尚领我们参观。

寺内颇大，占地七八公顷，种有一些水稻，还有用作观赏的小树林。中心广场两边建有僧侣居住的公寓和形形色色的工作用房。我们被引领到猪圈——圣猪之家。一般认为，这些猪丰餐饱食，神圣不可侵犯，皆因佛门子弟不守戒律，啖食猪肉，祸及它们的同类，所以僧侣们对这些圣猪礼遇有加，以此为邪恶的世俗赎罪。在我们看来，这些猪过于肥大，赶了许久也站不起来，这恐怕就是中国人认为的神圣之处吧。

我们从那里来到一个类似灶房的地方，那是僧侣死后尸骨焚化之处。离那里不远，有个陵园。在每年特定的日子，僧侣的骨灰被寄存在这里。紧挨着那里，有个地窖，供骨灰瓮暂时存放，留待每年开陵之时。

河南庙历史悠久，但声名鹊起仅一个半世纪。那是拜一个清朝亲王的眷顾，他捐赠了大量钱财。据传说，清朝康熙年间，广东省有些地区仍效忠前明王朝，形同叛乱。康熙派一位亲王率精兵强将来平叛。广州南郊的河南村落惨遭涂炭。该亲王下令大屠杀。命令正要执行时，亲王看见了该寺的一个胖和尚，便痛骂僧侣虚伪，居然不戒酒戒肉，胖成这个样子，下令予以处死。但是当晚亲王做了一个梦，醒来后不仅收回成命，并让该寺享受亲王的恩惠与大笔财富。亲王的赏赐旨在供养300名僧侣，为此赠予了房产和金钱。可是这笔资产仍难以维持那么多僧侣的生活，所以现在寺内的人数为160名左右。其中许多是逃犯、强盗、土匪不得已而托庇于寺墙之内。这些人一般属于社会底层，只有为数不多的人精通文学。方丈由投票产生，任期3年。

此后，我们数次访问河南庙，每次受到方丈的款待。有一次，方丈还邀请了一位年轻的挂单和尚与我们见面，他来自另一寺庙，举止十分得体。总的来说，每次进寺会有许多地位较低的和尚围上来，打着各种手势索讨烟草。我们明确告诉他们，没有那种礼物，而是赠送他们几本《以弗所书》（*Ephesians*）①，以及一本名为《永恒的赐福之道》的小册子，很受欢迎。

离寺时，我们看到有几个僧侣坐着读我们赠送的书。在以后的访问中，更多的僧侣向我们索讨。有一次，方丈本人要求从我们屋中借阅一本米怜博士（Dr.Milne）②撰写的布道手册。下次去方丈的住处时，他给了我一本盛在香木匣子里的精致的小册子，里面用汉语记载着拜佛经文。佛经原本用的是古印度巴利文，用汉字拼写，读起来显得毫无意义。

广州有上百座寺庙道观，分属不同的宗教系统，它们控制着百姓大众的思维。一些寺院属于道教，时而可见道士在

---

①《圣经·新约全书》中的一部分。以弗所位于小亚细亚的西海岸，一度是商业中心，虽然在新约时代没落，但仍为亚细亚省的主要城市。该城一大古迹是亚底米神庙，为古代世界七大奇观之一。——译者注

②继马礼逊之后第二位来华的更正教传教士。他们同样是英国人，同样属于伦敦会。——译者注

街上走过。道士很容易辨认，他们的发型奇特，四周剃光，顶上束着发髻。很多寺庙是宗祠，不过最多的还是佛寺。另外，公共神龛亦为数不少，祭拜主宰一方生灵的神灵，或是主管金木水火土的仙人。各家各户供奉的家神更是不计其数。宗教游行和节日，在迷信活动中占相当重要的地位。

广州的僧侣总数约两千人，过着禁欲的生活。只要住在庙里，就注定得禁欲。和尚还俗虽然人所不齿，但许多人出家是因为别无生计。僧侣生活悠闲，整日在庙前站立，无所事事。他们的与众不同之处，不在举止仪态，而是光秃秃的脑袋。各种机构亦供养着上千尼姑。尼姑衣着与和尚一般，剃光头，穿黑色长袍。虽然儒教被国家、圣人、学者奉为唯一正教，但各种迷信对愚昧大众均有影响。尽管有识之士反对盲目崇拜，遗憾的是，或多或少还是有人参与其中。

10月10日，机缘巧合，我们经历了一件事，从中可见广州人对与外国人来往的普遍态度。晚餐时，一位满族官员因为公事拜访我们的房东，房东就把我们介绍给他。他彬彬有礼地走近，与我们握手。他的官帽顶上镶着一颗半透明的白色珠子，一根孔雀翎从脑后垂下。他官拜县丞，年纪50上下。他在邻近的游廊上热切地与我们的房东交谈，使我们在用餐的大多时候，能有幸听到北京话高亢的颤音。

餐后不久，我们坐在自己的房间里与两位教师——周先生和河南庙老方丈——交谈。忽报3位满族官员来访，令老方丈惊恐万分。我们极力安抚他，却毫无成效。他瑟瑟发抖，眼睛恳求我们不要暴露他。应他所求，我们把书籍和其他书写材料移到卧室。我们的卧室与走廊相通，离满族官员和我

们的朋友交谈的房间不远。在最近几次与美国人的交涉中，我们的朋友担任译员。老方丈恳求我们说话尽量小声，似乎一点声音即能穿透他的灵魂。至于周老先生，与外国人来往了30年，早已司空见惯，未显一丝惊慌。周先生说话柔和，但字音清晰，使老方丈愤愤不已。后来，出于好奇，周先生悄悄溜出屋去偷看了邻屋一眼。而另一个中国人，即老方丈，因为地位较高，更容易遭到官方训斥，所以担惊受怕。最后，满族官员离去，老方丈才如释重负。在《南京条约》所提供的新的通商机制下，很难想象有地位的中国人会如此害怕，唯一的解释是，地方当局向外国人让步实非心甘情愿，因而对当地人与外国人交往非常反感。

10月13日，我在伯驾博士的餐厅向约40位欧美侨民布道。我的同工麦赖滋先生根据英国教会的礼拜仪式主持了祷告。在广州期间，每逢安息日我们做礼拜。下午，房东与太太，加上梁阿发和我们，分享了圣餐。这是我们抵达中国后的第一次领圣餐。那次圣餐自始至终格外庄严肃穆。我们远离各自祖国的教堂，仍能彼此分享圣餐，实是基督徒的荣幸。我们的相聚，人数虽不多，还不足当年使徒之数①，却像他们一样，坐在楼上的房间里，而周遭的世人皆不信主。我们在一起忏悔罪孽，并祈祷主赐我们以力量去工作。我们在一起纪念救世主的殉难，把被接纳的希望寄托在救世主的身上，恭顺地听他驱使，"去吧，去向所有的民族传道"，于

---

① 基督有十二门徒，即西门彼得、安得烈、西庇太之子雅各、约翰、腓力、巴多罗买、多马、马太、亚勒腓之子雅各、达太、奋锐党的西门、卖主的犹大。——译者注

是我们就来到了这里。即使是在这里，我们也不是毫无鼓励的。在走向主的餐桌时，与我们同行的就有一位当代中国传教工作的第一颗丰硕成果，他现在是华人福音传教士。我们唱着赞美诗走向餐桌，领圣餐的最后仪式由梁阿发主持。他用中文祷告，表示要向同胞们传播福音，让他的国家皈依基督。他的声调诚恳，显示出祈求的强烈程度。他受英国伦敦传教会资助，在家中每日祷告，诵读圣经。他家在河对面，离河边3里路，时常有中国人去他家，与他谈论基督教。他有一妻、一子、一女，都是基督徒。大约一年前，他年迈的母亲也受了洗礼。

　　10月15日晚上，我们受邀前往邻近的一个商行会见一位清朝二品官员。该官有军衔，享受赐以满洲旗人姓氏的荣耀。那些满化了的汉人，祖辈曾为满人夺取江山立下过汗马功劳，因而被授予与征服者同等的军衔。该官军功显赫，被授以三眼花翎①，极为尊贵。见面不久，我们便无话不谈。谈话有译员翻译。虽然从谈话的性质来看，他并没有多少见解，但我们还是尽量配合，使那个晚上不至于毫无趣味。他极力鼓励我们讲汉语，若是讲得还行，他会拍拍我们的肩膀。他喜欢炫耀随身携带的小玩意，其中有个水晶的鼻烟壶。我往里面装了些鼻烟，那是我在书桌里放了多年的。他接受了我的礼物，看上去十分珍惜，因为两三天后，他从城

---

　　① 花翎是清代官员的冠饰，用孔雀翎毛饰于冠帽后，以翎眼多者为贵。宗室中，贝子戴三眼花翎，最为尊贵；镇国公戴双眼花翎，为稍次；镇国将军等戴单眼花翎；而亲王、郡王虽然爵位比以上更为尊崇，但非蒙皇上特赐不能戴花翎。——译者注

里住宅送来了一封拜帖，向我致谢，并询问我在香港或澳门何处可以买到那种鼻烟。他有两个随从站在身后。若话题有趣，他的随从也会自然地加入，不时表达他们的见解。若有人走进我们的房间，身材较高的话，他会与其握手，然后提议背靠背站，比比谁更高，因为他比一般中国人高。虽然他自称在外国居民中有一两个老朋友，有时会在晚上去拜访，但只要有人提出去他家拜访，他总会十分讶异，显得极不情愿，也许怕染上鸦片瘾吧。他的举止彬彬有礼，以思维活跃著称。

10月17日，从周先生那里得知，72位（法定人数）通过乡试的举人要在当天与政府官吏一起用餐庆祝。周先生的妹夫也在幸运人之列，而我们也可以放他几天假，让他回家参加家族的庆典。

乡试的应试者多达8000之众。他们必须是秀才，即已获得省城各部门颁发的最低学位，才有资格在3年一度的乡试中角逐。乡试一考数周，考题是人们极感兴趣的内容。考生的亲戚们心中百感交集，既希望又害怕，既高兴又担心，憧憬着他们能耀祖光宗，泽被后世。

每个考生按时进入考场。考场由士兵守卫，防止外面向考场内通消息。每个考生一间小屋，并受严密监视，以防舞弊。在各自的小屋中，考生有3天的时间，就有关古典文献的题目撰文或作诗，然后用格言警句作为假名，把诗文呈交给考官，以保证阅卷的公正。任何涉及朝政的议题均被排除。

文章的优劣是根据古代圣贤的风格与情趣来判断的。因此，长期以来，中国文人追求的是儒教的传统思想。西方以独创性为主来评判文章的优劣，中国遏制创造性，把改革创新扼杀在萌芽之中。因而中国的学者把精力浪费在维护知识一成不变之上。在他们落伍系统的黑暗斗室中，物理学的光芒不能渗透一星半点。多少个世纪以来，中国在真正的科学和实验性艺术方面，并无进展，而这些领域有助于拓宽人类对物质的思维。

人们那么热衷于博取功名，锲而不舍，七八十岁方才中举的亦不罕见。官方在严防泄题方面警惕性不够，测试阶段便有试题外泄。三四年前，广州一富有的盐官之子，是邻里中出名的傻子，竟然中举！他的中举，显然是贿赂的结果，引起极大的不满。落第的考生对之甚是怀疑，百般讽刺挖苦，当在情理之中。

对中国人而言，中举及第乃最高境界。无论出身多么低微，一旦中举，功名利禄随之而来。满族出身虽具优势，但不能保证出人头地。家庭的荣耀亦不能父传子承，皇亲国戚则另当别论。

这种科举制度，为皇帝收罗了大批受过优良教育的官吏，同时也永久性地误导考生，并对宣扬基督教真理设置了道德上难以逾越的障碍。这样的科举制度缺陷十分明显：文史优异的考生得以升任高官，因为他们饱读四书五经，成绩优于其他考生，然而常常缺乏管理能力，不能应付时代的突发事件。

艰难的文史考试后，在巡抚即副总督的官邸外墙上，会公布及第考生的名单。在某个特定时辰，巡抚走出官邸，鸣枪致礼后，往墙上张贴公告。在向中榜名单鞠躬后，巡抚告辞回府。巡抚及本省其他高官，莅临为新科举人操办的公开宴席。当数千落第学子失望地回家之时，及第的少数人受到大肆颂扬。他们的名字及文章被送交北京的皇帝。

10月19日晚间喝茶时，有幸得一商界名流作陪。他叫唐鑫（Tang Shin）。由于新近签署的条约，老字号商行垄断一切的日子已一去不复返了。然而，他们的名望与经验，在贸易来往中，享有得天独厚的优势。而唐鑫既富有又饱读诗书，在道德方面颇有研究，曾出过一两本专著。他答应要赠送我们一本。

唐鑫与我们相聚了数小时，交谈有时用官话，有时用不太地道的英语，我们的房东一一予以翻译。谈到中国女子缠足习俗的渊源时，①他的见解证实了当时的看法，即公元前3世纪，晋朝有个邪恶的皇后名妲己②，她使其夫下旨，令所有女子仿效她的畸形脚，以此为美的标准。我们也问过一些小脚女人，她们声称，大家闺秀不干奴婢之活，无须用脚！

唐鑫对外国政策多有了解，见解开明。他认为，当务之急是向各国派遣皇家特使，那样，"国内之人就不会对外国之事一无所知"，和平可以得到更好的维持。谈到鸦片买卖，他认为比美国贩卖非洲黑奴更糟。对黑奴，人们还得提供吃穿，保障身体健康。并且，黑奴也许还有机会被遣返回

①关于缠足，有一种说法是商纣王的爱妃苏妲己流传下来的。传说苏妲己是九尾狐狸精化成人形，但唯独爪子还不能化成人足，她怕纣王发现，于是就用白布把脚缠了起来，但她又怕自己缠足太惹眼，就对纣王说妇女缠足好看，并把自己缠成的小脚给纣王看。纣王看后觉得小脚很惹人喜欢，于是就下令全国妇女必须缠足，久而久之就形成了中国妇女缠足的习俗。——译者注

②原文如此，应是作者误解。——译者注

国，此处他强调"应当"被遣返回国。"然而，"他继续说道，"鸦片的受害者，体弱多病，心灵堕落，在体格、思想和道德上全给毁了。"

我们的女主人极力敦促他允许夫人来见她，他笑了笑，没有作任何承诺。他后来说，中国的法律不允许女子出国。当时在场的一个人回答说，在中国的律例里永远找不到这一条。唐鑫于是说，希望将来什么时候，中国的习俗也能像国外一样，但现在还办不到。关于一夫多妻制，他似乎非常敏感，极力驳斥此乃家庭不和之起因的说法。他说，他的结发夫人（现已去世）比以后娶的四位妾地位要高。那些妾不允许与夫人同桌吃饭，她们的地位类似仆人。"并且，"他继续说道，"她们生活得很快乐，从不争吵，像姐妹一样"。他有十五个孩子。孩子们不愿有个后母，所以他也不想再娶个家庭主妇。妾的地位也没有因为夫人的去世而得到提高。

谈到最近的科举考试，他认为所有大清官员，无论文官或武官，至少必须是秀才。不过，时下舞弊盛行，与其等待择才量用，许多野心勃勃的人宁愿使用各种手段，贿赂考官，或出钱买功名，或仗势豪取功名。全国有数千举人等待授官，而各省巡抚则往往提拔青年，排斥年长而更有资格的人。没有举人以上资格的人不得任命为县令。但最近几年，滥用职权者比比皆是，愈演愈烈，严重地影响了人们刻苦攻读的信心。

我们可以在他的言谈中体察到，文人与政府官员已在全国分裂为两大派别：一方要坚定地执行闭关政策，保持民族风俗习惯；另一方倾向于较开放的观点，尤其是建议采用高

关税的方法使鸦片买卖合法化。前一派领袖人物为著名的钦差大臣林则徐。开明派的代表人物有钦差大臣琦善和两广总督耆英。琦善因与英军代表义律谈判被降职，耆英为现任钦差大臣，在最近与英美法的谈判中举足轻重。

中国大众不知外国人在艺术、文明和军事方面占优势，是真是假姑且不论，唐鑫显然在这方面饶有兴趣。他对欧洲制造的燃气灯认真端详，显得很感兴趣，赞不绝口。他对液体气化的概念难以理解。

离开前，他得到了一本修订版《以弗所书》和一本十几页的基督教宣传手册。两本书他都仔细地看了几分钟，然后说，前一本很难读懂，后一本在写法和主题上更容易为中国人所接受。

无疑，唐鑫的思想比他的同胞遥遥领先。不久以前，美国的某个文学协会授予他荣誉会员资格。在给该协会的谢函中，他附带地提到贩卖鸦片的罪恶，呼吁各国携手，杜绝这一非人性的买卖。他还在信中劝诫美国在其国内废除奴隶制。

东海航行半途而返

2月间，我的朋友暨主人——香港牧师——乘我暂时逗留之际，出游广州。离开广州的那天早晨，他在副领事杰克逊先生和殖民地财政部部长马丁先生的陪同下，沿城墙散步。

天刚拂晓，他们就出发环城漫步，走完整段西城墙。在途经城北高地时，一群乡民聚集起来，手持梭镖、刀剑等武器，追上他们，轻而易举地把他们制服了（因为寡不敌众，抵抗毫无希望），抢劫他们的手表、现金及其他有价值的物品。乡民刚走不久，另一群强盗又扑了上来，有些人开始剥他们的衣服，幸而被另一些人阻止。城墙上的一些人，很可能是士兵，得到长官默许，把几斤重的大石头从瞭望塔上推下来，犹如雪上加霜。不过，我的朋友们还是完成了对广州城墙的勘探。

这些事件，加上最近几次英美领事就不许外国人入城之事与当地官员的会谈，导致了与当地最高政府的特别交涉。当局委派一名下级官员拜访英国领事。一位受害人在英国领事馆通过译员与那位官员交谈。在受害人记述事情发生经过的整个过程中，那位官员呵欠连天。他把事件归咎为暴民所为，声称此地人不及北方开化。他们厌恶外国人，施暴于外国人，当局对此无能为力。他也许是受人指点，藉此开脱吧。但任由英国臣民遭受人身攻击，无论如何讲不通。如果

中国总督公开承认无力保护英国居民，那么英国将不得不在广州派驻军队，威慑暴民，维持安定。

几天后，香港总督就英国臣民最近受辱之事致函中国钦差大臣耆英，言辞强硬，要求调查事端，并对怎样安全进入广州这一悬而不决的问题给出令人满意的解决方案。与此同时，"维克森"号军舰被派往黄埔示威，以便中方为暴民的侮辱早日作出具体的赔偿。托舰长之福，我上了"维克森"号军舰，前往黄埔，打算从那儿乘船去广州，逗留几日，看望朋友。朋友去年秋天得病，匆匆去了澳门，至今尚未相聚。

3月31日星期一上午，我来到"维克森"号军舰旁。当值的警卫建议我不要把行李提上去，因为已接到命令不去黄埔了。为了证实这一消息，我登舰去见舰长。舰长告诉我以下详情。前一天，香港突然获得情报，澳门发生动乱，危及英国领事与侨民人身安全。由于军队不久前撤离，去了邻近的鼓浪屿，导致多起抢劫事件发生。因此，他们恳切要求派军舰前去保护，以防暴民加害。香港总督与驻港部队司令磋商后，于昨天晚间决定更改"维克森"号军舰的航向，前去澳门。我十分失望，舰长对此深表遗憾，建议我一同去澳门。鉴于澳门是英国圣公会传道会指示我去访问的一个港口城市，我欣然接受了舰长的好意。我匆忙上岸做必要准备，不久回到舰上。11点刚过，军舰起锚离港，疾驶而去。

两边崎岖、陡峭的海岸形成不列颠舰队在东方刚获得的租借地的宽敞屏障，完全围住港湾，使之不受飓风侵扰，而清新的微风则把健康吹到香港的每个角落。军舰穿过鲤鱼门海峡进入公海，港岸在后面的地平线上渐渐下沉。

外海上点缀着许多小岛，看上去崎岖不平，荒芜凄凉。不时可见渔民的小屋，建在细窄的岬上。屋旁架着绞网机，安装在长长的活动杆上，远远地伸到海中，控制宽大的渔网的起降。偶尔可见小片土地，孝顺的家人将之开拓为墓地，上面竖立着半圆形或三叶型的墓碑，常摆着供品，祭奉逝去的长辈。另一些地方，没有雕饰的石板上刻着几个汉字，显然死者家境贫困。除此之外，还见到几个村庄，村边停泊着渔船。这就是我们沿东海岸一路航行所见的景象。

"维克森"号军舰向东南方航行，绕过一个名叫担头（Tamtoo）的小岛南部的岬角，穿过人们通常称之为大红门（Ta-thong-mun）①的海峡，转向东偏北，在距陆地9—13里处航行。极目之处，无论岸上还是海上，景色一样单调。陆地上，悬崖峭壁连绵不断，间或可见狭窄的沙滩，土地贫瘠，了无生机。辽阔的海上，成群结队的渔船，一样大小，一般模样，畏惧风力，不敢离岸十里之外。

"维克森"号军舰一路经过乌洲岛（Wochow Island）、九柱石（Nine Pins Rock）、石牛湾（Mirs Bay）、大鹏湾（Ty-pung Bay）和大山湾（Tysan Bay）。日落后，我们继续在海上孤寂地航行。只有几个大胆的渔民，驶离海岸较远，来不及在夜幕降临前返回，偶尔会在我们的航线前面穿过。

次日早晨，所见景色与前一天大致无异，只是海岸线不那么陡峭了，山岭也离海岸稍远。尤其是沙汕头（Cap-che-san）

---

① 应是赤门海峡，是香港海峡之一，位于船湾淡水湖东南岸及西贡西北岸之间。海峡东北端连接大鹏湾，西南端则连接吐露港。——译者注

东面接近大海的陆地，地形明显不同。沙滩与远方山岭之间，一片平地，或大或小，而大片的沙滩沿海岸延伸，承接浪潮的冲击。海上十数里内，千船百舸。

这里船的外观与广东不同，帆呈方形而非矩形。船员也大多扎深色头巾，显示出他们是吃苦耐劳、勇于创业的福建人。然而，有些奋力划桨的人，却衣不蔽体。我们经过石碑山（Breaker's Point）和南交表（Ma-urh Point），已接近东澎岛（Lamocks），远处可见南澳岛。南澳岛位于广东省东北端点，与福建省接壤。

此时，我发觉情况异常，便由船舱走上甲板，看到官兵聚集起来，并听到一个坏消息——机械出现故障，发动机完全丧失功能。唯一的选择是改变航向，转向西南，凭借强劲的风力，靠船帆返回香港。虽然离澳门已不足300里，不免令人失望。然而，大家还是努力而为，顺风而下，沿原路返回。第二天晚上，又有灾难降临。一船不幸的渔民，或许正在船中睡觉，被我们的军舰撞个正着，撞断了桅杆，撞落了船帆。

事故发生后，渔民立刻吹起号角，敲起铜锣，燃烧纸钱，抛向大海，祈求海中神灵息怒。而我们的军舰，在猛烈的撞击中，舰首三角帆下桁受损，从中断裂，右舷明轮被渔网缠住。当时，有一两艘船正在附近，准备救援。于是，我们继续航行。

4月2日星期三中午，经过大约48个小时，"维克森"号军舰缓缓驶入港湾，在香港城外抛锚停泊。此次航行1200多里，使我精力倍增。朋友们见我离去不久，这么快就回来了，十分讶异，在我解释后才疑惑尽消。与此同时，有消息传到香港，说澳门动乱只是暂时的，实属虚惊，我们半途而归并未造成不便或是危险。"麦达瑟"号军舰正在澳门，动乱已经平息。

4月3日，我按照以前定的计划去访问广州。晚上即搭船出发，同行的还有两个欧洲人和几位印度水手。次日下午，抵达黄埔时，我们船上的中国舵手闯了祸。当时他正准备靠近那艘印度水手该上的船，由于靠得太近，以致我们船的桅杆把一块帆桁从那艘船的帆缆上刮了下来，掉向我们头顶，威胁到我们的安全。为此，我们的船长被拘捕，关押在他们的船上，直到他对事故作出赔偿为止。我们船上好几个水手与那艘船的英国籍船长激烈争辩了许久，最终达成妥协，在停留半个小时后，我们得以继续航行。而那个英国籍船长则取下刻着我们船号码的木板和航行执照，作为凭据，以后可以估价索赔。

这一不幸事件对水手们的情绪打击不小。有些乘客暗示会资助些钱弥补他们的损失，他们的情绪才稍有好转。船上的侍应生热衷赌博，非得我们严厉申斥，不然不会注意为我们服务。航行的后半段枯燥乏味，不过日落的景色倒是十分绚丽。

晚上9点，我们的船穿越珠江上的千船百舸，抵达广州外国商行，抛锚停泊。

到广州后，得到的第一个与传教工作有关的消息是，传闻清政府颁布敕令，容忍基督教。人们请教潘庭官（Powtin qua），想要证实这一传闻。他闪烁其词，装作一副毫不知情的样

子，只是表示皇上确有此意，不再对传授"天国之主的宗教"者实施法律制裁。"天国之主的宗教"之说，源于早期耶稣会会士对基督教的称呼。

　　然而，不久即获得更为确切的消息，上海的一些传教士得到当地公布的一份中文文件，将其译成英文，传送到广州。该文件是耆英递交给朝廷的奏折。在该文件中，耆英恳请圣上完全容忍教徒。该文件上面附道光皇帝朱笔批文："着如所议。"其中有些段落或许会令读者记起小普林尼写给君主图拉真的著名诗体信件。在小普林尼的信之后刚200年，十字架的旗帜就在古罗马帝国皇城的塔楼上飘扬起来了。愿类似情景在中国重现！

广州传教状况

　　4月5日，抵达广州的第二天，我拜访了两位美国传教士。他们新近把传教机构从香港搬迁过来，因为觉得在那里发展不利，期望在广州能有更好的作为。许多朋友对此深表遗憾，对他们的这一步棋颇有微词。他俩现在住在外国商行附近的一个商行里，期待在不远的将来能搬入华人居住区中。他俩两天前才到，上述计划自然尚未实施。不过，他俩至少已计划好了次日的活动。

　　第二天是安息日，他俩的计划相当大胆，值得赞赏。上午10点半，他俩要举办一场宗教仪式，在当地华人杨牧师和孟牧师的协助下，到宁波会馆（Ningpo Exchange）的大厅里向华人布道。宁波会馆是祖籍宁波的当地商人的集聚地。与此同时，王牧师、雷牧师和洪牧师将在几条街外的晋州会馆（Chinchew Exchange）举办类似的聚会。而陆牧师、游牧师和戴牧师也将为同一目的去一个叫松口埔（Shong-kou-poo）的地方。我的两个美国朋友陪我在附近几条街走了走，主要是去看看计划第二天开展传教工作的地方。

　　宁波会馆是我在广州见到的最好的建筑，内有各种各样的大厅和宽敞的房间，梁柱精工镂雕，铭文题词镀金镶银，神像高大精美，装饰品琳琅满目，家具优雅华贵，这一切显示出花费颇丰。我们看了不同的房间，两个同伴不时讲出心

中的感受与愿望。我们一处一处地逛着，走过许多院落和大厅。五六个会馆的官员或侍者围了上来，从我们手中接受了一些基督教宣传手册，把它们放在大楼中各个地方。一个朋友不久就和他们交谈了起来，给他们讲解教义、我们此行的目的以及明天准备的传教活动。

最后那个话题引起了相当长的讨论，显然我的两个美国朋友有些过于乐观，以为在过去的访问中已经得到明确答复，允许在大楼里从事他们所计划的活动。那些华人对此持异议，声明他们只是管理人员，而非业主。这所大楼不是为宣传宗教而设计的。简而言之，他们担心与外国人交往会带来不便。我的一个同伴极力想减轻他们的恐惧，向他们证明基督教义的优越性，解释他的动机毫无私心。我的男仆阿法也热心地加入辩论，向他的同胞讲解外国人的风俗习惯和传教目的。

我们让这一小群人继续思索刚听到的话，我们自己上了楼，坐在一间可俯瞰楼下庭院的房间里，一边恢复精力，一边讨论明天活动的方案。楼下华人在讨论外国人怪异的活动，我们则振作精神，感激三位一体的上帝，让我们蒙《福音》的祝福。

离去时，新认识的人向我们礼貌地道别。我们走到邻近的街上，见到可能会认真阅读的人，就分发宣传手册给他们。我们在一家店铺里待了段时间，店里的人对我们的书很感兴趣。店主上了年纪，将打点经营之事交付给侄儿。他的侄儿是个中年人，举止殷勤，头脑灵活。我们讲解基督教主要教义时，他听得很认真，提了许多问题。他说从未听到过这么精彩的教义。当讲到人的堕落，因此有必要忏悔，以获得全新的心时，他热切地询问，设神坛是否罪孽。我们回答说，上帝禁止偶像崇拜，崇敬的人应当精神与行动一致。他指了指楼上的一个小小的壁龛，说那是他独自拜佛的地方。他说，他的心想要相信，但还不能完全理解基督教义。在随后的对话中，他说他有一个儿子、一个女儿。根据华人的观念，这是很有福分的了。对此，他既同意又持保留意见，说他没有钱财。我们告诉他，蒙主恩宠，得知真理，比有钱更宝贵。他坚决否认人类的腐败堕落与自己有任何关联，认为自己有颗善良的心。在进一步谈到人的罪恶欲望以及他不曾为崇拜偶像忏悔过时，他终于承认，他的心里有过邪念。

早些时候，店主老伯听到我们谈到他，十分恼火，走到房间另一头去了。不过，在我们离去时，他似乎平静了下来，耐心地听我们给他的忠告，并向我们友好地道别。

他的侄儿提到，以前在广州曾与一位传教士谈过话。这时，我的一个朋友讲了我们来华传教的目的。他的第一反应是，我们很有钱，才能离开自己的国家，老远地来到中国。我们告诉他，我们不是有钱人，来这里是遵循主的差遣："去吧，去向所有的国家传教。"此时，阿法又一次为传教作了雄辩，为差传作解释，说明我们不是来赚钱的，而是向华人讲授"古老的教义"。店主的侄儿又问我们是美国人还是英国人。我们告诉他说，我们中有两个美国人、一个英国人。虽然我们分属两国，却在基督教义下彼此团结在一起。他对此表示同意，评论道："门徒不分国别。"离别时，我们邀请他参加第二天将在宁波会馆举办的活动；若有兴趣或

感到好奇，可来我朋友家拜访。

　　两位朋友的这些尝试，是为他们的计划做准备，即在郊外租一幢房子，用作教堂兼寓所。那样，他们可以大胆而有步骤地开展活动，每晚由当地牧师在城里城外同时举办宗教聚会。传教工作的朋友们大多对他们的试验结果拭目以待，但也有一些人预言这种试验会很危险。我暂住的那家教友对此事尤其忧心忡忡，声称确切知道当局对此疑虑重重，而民众则在一旁虎视眈眈。他预言，这种试验的结果，肯定会导致骚乱，很可能会给整个传教工作带来阻力和冲击，这样的负面影响也许得用许多年的谨慎活动方能消除。

　　结局证明，乐观的一方和担忧的一方均有些偏颇。虽然一个会说当地语言的传教士可以去郊区各个地方，虽然在当地居民家交谈没有任何约束，虽然可以一家一家地分发宣传手册、解释书中内容，但是除了在外国商行自己的住宅外，传教士不能举办任何公共的宗教活动，这样就远离了华人社群。华人倒是愿意来找传教士私下交谈，有些还参加了刚开始举办的布道活动。但在宁波会馆及其他公共场所，不允许举办公开的宗教活动。唯一可做的，是与二三十个可能聚集在传教士身旁的人，进行非正式的对话。

　　当地传教士发觉，传教的话题具有与外国人交往的意味，因此不受胆怯的人欢迎。他们一般受教育程度不高，对基督教了解得不多，热情也有限，容易害怕，只接受几本小册子。至于他们在城里的工作，只能听他们叙述，因为外国人不能进城。

　　过了些时候，那两个美国传教士几经周折，从一直犹豫不决的房东手里租到了一幢房子，离外国商行有段距离，正着手将它布置成教堂兼住宅。然而不久，附近的居民察觉到有个"洋鬼子"罔顾中国习俗，居然要住到他们中间来，因而强烈反对。事态变得十分严峻，美国领事馆不得不出面干涉。

一年后，那两个美国传教士仍然住在那里，在外国商行中进行小规模的宗教活动。一位英国传教士也作出了类似的值得赞赏的尝试，也遇到了同样严峻的问题。他在东郊把一幢房子改建成教堂。那天，梁阿发正在布道，一群人闯了进来闹事，砸条凳，吓得阿发不知所措。

关于这些活动，有更为详尽的记载，显示广州用于公共传教活动的设施的数目及其真实性质。目前，由于民众对条约不熟悉、胆大妄为，公共传教设施数目略有减少。但在另一方面，传教士面前展现着一望无际的田野，他们可以串门走户，宣传《福音》。那里的居民，社会地位较高的相对比较聪明，态度也较友好，好奇心也较强。有些人，若行事谨慎，待以诚意，有可能前来传教士住处私下拜访。

无论在世界何地，传教士方面若能态度谦和，留意文明生活的文雅精致之处，对于获得人心，将是十分必要的，有助于向他们传达重要信息。

这些结论，在日常发生的事件的检验下，究竟有多大的可信度，读者可凭借我在下面的记载，自行作出判断。下面记载的，是我与郊区居民及来传教医院就诊的人们的交往。

4月7日，一大早出发去城西，随行的有我的男仆阿法。他为我提着一包书，兼做翻译。凭着一张画在扇子上的广州

市及郊区地图，我们毫不费劲地找到了目的地。

出发前，阿法显得有些心虚，担心提着书，万一被官兵逮着，会绞了他的辫子。而没了辫子，那在华人眼中，就像强盗了。我觉得他是懒惰多于恐惧，但又不愿失去他的工作。他跟在我后面几步远，在我买东西时给予帮助。在几家店里，我分发了一些书，大部分的书将留给城西地区。那里离外国人住宅区较远，不太可能看得到基督教刊物。为了让阿法减少些害怕，我从他那里拿了一些宣传手册，自己携带，这样在公共场合就不用向他拿了。

有一两个中国人走近前来，恳切地讨书，我就给了他们一本。别人受到了启发，也来要。不久，我不得不从阿法的包里取出两三本宣传手册。这时，许多手伸了过来，人越聚越多，喧喧嚷嚷，堵塞了整条路。我费了九牛二虎之力才从人群中挤了出来，觉得应当谨慎从事，于是叫阿法回去。

在经过他身旁时，看到他被热切的讨书者挤到墙边，泪眼汪汪，显得处境危险。我本来选了70本厚厚的宣传手册，准备今天到目的地分发，未料到会被人强抢而去。我亲切地告诉阿法，以后将不再要他为我提书外出分发，他显得十分感激。阿法虽然才16岁，已是个明白事理的少年。他富有同情心，所以传教士常找他帮忙。他认识到偶像崇拜是愚蠢的，没有一丝疑虑。不过，他虽然在理智上确信基督教的优越性，却和许多受到传教士影响的孩子一样，对世俗之外的事务十分冷漠，宁可循规蹈矩，不愿公然背弃传统。

回到传教医院，正巧赶上接收新病人。这通常是在每周的第一天，即星期一，进行的。我很高兴地发现，自从去年访问广东以来，传教医院的传教性质有了明显的增强。桌子上展示着一些基督教的书籍，病人可以自行索取。即使没有更好的动机，人们大多出于好奇，也会从桌上拿了书，到屋子的各个角落静静地阅读。这也是值得庆幸的。墙上挂着一张中文的基督年历，展示着福音派教义，以及西方各国数据、科学、地理和国力，让人一目了然。

在我认识的人之中，有个在广州府当差的军官，祖籍江苏镇江府，在南京以西，为英军最后夺取之地。他看上去很有学问，告诉我那些主要城市的相对地理位置，与我的地图精确吻合。我向他暗示，愿意陪他由医院返城，他欣然接受，甚至邀我去他家做客。我觉得这是中国人的客气，并不十分相信他的诚意。不过，他是北方人，也许在一定程度上没有南方人那种强烈的排外情绪。此外，再过两天，他即将返回故乡，所以伯驾博士赞同我的看法，认为他的邀请或许真是出自内心，极力劝我不可错失良机，应当在他的庇护下进入广州。

那位军官临出院时，再次客气地邀请我随他去访问，问我是否愿意成行。我们雇了一顶轿子，准备随他进城。但是，正当计划即将实行之际，他突然害怕起来，问我是否真的想进城，极力劝我不要让他进退维谷，成为第一个把外国人带进广州城内的中国人。我们向他解释外国人进城的合理性，以及禁止外国人进城毫无道理，他对此表示赞同。但话又说回来，不让外国人进城是老规矩，破坏了可能会引起动乱，对此他可担当不起。与传教医院有联系的中国人同意，自由进出是合情合理的，但又强调外国人进城肯定会引起骚

动。于是，进城之事不了了之。那个中国军官显得乱了章法，结结巴巴地道歉，客客气气地鞠了几个躬，然后上了轿。

晚上，我和伯驾博士沿着早上的方向朝太平门走去。太平门之称与附近居民的性情实在是大相径庭。我们走近这外国人足迹罕至的地方，人们对我们的好奇心就越来越浓。但是，当我们走到城门下没有停步显示要进城的意思时，人们便向我们投来生气的眼光，继而向我们吼叫、打手势，告诉我们，这样做是亵渎，不会得到容忍的。伯驾博士走在前面，有两三个粗俗的家伙就挨近他，愤怒地抗议，吼叫着要他止步。民众的愤怒越来越大，人群聚得越来越多。我们在城门下逗留了大约5分钟，觉得还是谨慎为好。在审视了古老的城门通道后，沿着城墙下一条狭窄的街道走去。路上见到许多有趣的东西，走了3里路，最终到达外国商行区。

后来，我又独自一人去了太平门，再次想要试探入城的可能性。我走到城门洞里，两旁的中国人对我嚷嚷。我充耳不闻。到达门洞的另一头时，一个中国军官走上前来，叫我止步。那个军官既会官话又会英语，显然是官府专门派驻城门阻止外国人入城的。他见我犹豫着是否停止，便把手按在我的肩上，友好地笑了笑，请我返回。我问他，作为朋友，为何不能进城。他依然坚持要我返回，尽管态度和善，彬彬有礼，显然有密令在身，不放任何外国人进城。若有必要，作为最后措施，将不惜诉诸武力。他似乎急于打发我，告诉我城门内有驻军，因此不许我通行。我最终同意返回，使他如释重负。临走前，我给了他一套宣传手册，他客气地接受了。围观的人群看着我沿小街向郊区走去，脸上的怒容才渐渐消除。

　　英国领事后来告诉我，清政府最近同意颁布一项公告，允许自由进出广州。对刁难想进城的外国人者，将处以惩罚。此次访问广州期间，我已查明，那项公告尚未公布，有待于通过外交途径促成。

潘庭官的花园和浩官的别墅

4月8日，我穿过郊区，向西步行3里路，来到一条名叫下八铺（Shap-pat-poo）的街道，拜访中国绅士云堂（Yun-tang）。云堂先生为当地颇具名望的李姓盐务官员的六子，亦是潘庭官的妹夫。昨天，云堂先生在传教医院给了我名片和地址，并邀请去他家拜访。他的师爷仔细而颇为精确地为我介绍了主人的家谱及名望地位。

进了大门，他的家人带我穿过三四个院落和前厅，到了一间宽敞的屋子。屋后有座花园，种植着许多灌木和花卉，排列得错落有致。寒暄过后，奉茶上果，互相恭维一番。云堂先生、师爷和我在屋内交谈，二十几个家仆站在外屋，竖起耳朵，眼睛盯着我，显然十分好奇。

不久，我们言归正传，谈起外国事务。云堂先生问我能否提供外国人用蒸汽机织布的图表及说明，问我是否见过那样神奇的发明。我给他相当详细地讲解了蒸汽机的广泛用途，并趁此机会暗示，由于中国闭关自守，造成了多么巨大的损失，还强调说，只有允许外国人在广州自由行动，开设互惠交易的办事处，才能坦诚相见，完善友谊。

云堂先生听我说外国人愿意来教他们西方国家的艺术与学问，便说起澳门有个美国人已经得到指示，为中国人制造一艘蒸汽船，预期不久将抵达广州。他走到房间另一头，取来两卷当地人撰写的天文学书籍，书中附了许多图表与星象图。他要我仔细阅读，看看是否正确，是否与我们的天文学体系一致。他问我是否能捎几本有关我们星象系统的书给他，他将不胜感激，言下之意是将酬以重谢。我答应尽力而为，然后向他描述欧洲科学已经发展到的高度。举例而言，我们的领航员在一望无际的大海上航行了几万里，仍能确定船的位置。他向我请教所指仪器的名称，然后询问象限仪的价格。他也提到，马礼逊博士曾向他展示过太阳系的运动规律，说明地球是球形的，尤其值得一提的是，在地球下端的人为何不会掉下去。

我们接着谈到此行访华的目的，以及我访问其他设领事馆的港口城市的计划。我向他解释《福音》的主旨与约束条例，《福音》所谆谆教诲的崇高境界与世界和平，以及它所要传达的完美的幸福。师爷与云堂先生作了长谈，解释说我此行的目的没有商业性质。后来，他问我来华的目的是否与马礼逊博士或伯驾博士相同。他又问我，云堂先生赠书予我，是否可以得到一些有关外国宗教的册子，我欣然答应。云堂先生浏览了两三分钟我给他的册子之后，问我其中是否涉及天文学。我说没有，他的脸上便露出了失望的表情。我解释说这些是纯宗教书籍，我会寄给他一本有关星体的书籍。他听了后觉得满意，留下了那些宗教册子。

师爷的英语说得比一般的当地译员要好，远非广东英语可比。他一再邀请我有空再来。我曾起身告辞，但在他们的热情挽留下，又坐了会儿。最终离别时，他们十分客气，极尽待客之道。美中不足的是，在师爷向云堂先生解释我的评

论时，尽管态度十分恭敬，却用了"番鬼"一词。这次的经历，以及在其他场合的遭遇，使我觉得，使用这一贬义词是习惯使然，已不再具有字面上的那种唐突性。

回来后，遇到一位河南庙的和尚。他见到云堂先生赠我的两卷书，便要我给他一本，以为它们是有关外国宗教的。我让他看了书的题目，说明它们不是外国出版物，他才罢休。他看着我把手伸进口袋，掏出三本给云堂先生同样的书，显得十分高兴。我把书给了他，要求他也让他的朋友看，他答应了。

回到伯驾博士家，我在他的协助下，仔细地阅读了这两卷中国人撰写的有关天文学的书籍，发现它们与17世纪耶稣会传教士传入中国的欧洲原理有着明显的内在联系。书中用以解释黄道、黄道十二宫、时区划分和两极之间为一百八十纬度的各种图表，显然是借助外国人之手绘成的。根据气象学原理，那些图表解释为何下雨的原因不足凭信。此天文学著作，虽然混淆着中国创世之阴阳原则，总的来说甚为正确，欧洲科学的基本原理贯穿全书，只是经过稀释而已。

此后，当地一位满腹经纶的教师为我们讲解别人送给他的各种中国发明制造的小玩意。其中有各种形状的磁铁，分别用于航海罗盘、日晷仪、月晷仪，以及日月晷仪，上面刻着表格和图像，注明要怎样排列刻度盘和磁铁，以用于不同的目的。

后来，我对一件物品着了迷。就其制造的精致程度和适合日常生活的天才匠意而言，应当出自文明程度更高的国度。从外观上看，那是一块扁平的象牙，小巧玲珑，可置于马甲口袋内。上面装饰着闪光的汉字，说明使用方式。一面是个圆形的表面，上面刻着时刻，中间有个指针，凸起着，以便接受太阳的投影。细小的铰链把指针从象牙主体上托起，再根据不同季节太阳下坠的角度，将一枚小针嵌入下面不同的小孔加以调整。一根保持着灵敏平衡的指针，显示此表与太阳光线相接之必然位置。这块表上刻着白昼时刻，也刻着夜晚时刻，通过围绕中心轴的圆周运动，把指着午夜的一根指针对着外围与月亮盈亏对应的数字，可以迅速将其改为月规仪。配备着这样的仪器，人们可以探索人迹罕至的沙漠，白昼可以相当准确地知道时刻，夜晚亦可得知大致时辰。

中国人足智多谋，将他们对物理学有限的知识发挥得淋漓尽致，实在是让人叹为观止。令人迷惑不解的是，他们既然能将知识应用于日常生活，为何又长期驻足不前？众所周知，一些重要的现代发明使得西方产生了如此之大的社会变迁，而这些发明在中国已有几百年历史了。

那位教师在回答我的问题时一口断定，中国对磁铁的了解已有5000多年历史了。在我进一步询问下，他正言道，磁铁早在周朝就发现了，即公元前几世纪。这一时期比他此前断言的要更接近现代一些。

与外国人有接触的当地教师，在同胞中都颇负盛名，是学富五车之士。然而，他们对地理、历史和物理学却一窍不通，常常令人惊讶不已。究其原因，乃是中国人把智力运用于对其他知识的探求上，通常是玄奥的知识，常常很不成熟。他们对物理学知识贫乏，显然是把大量的才能花在中国的玄学体系上。

中国的玄学是建立在想象的理论基础之上的，脱离现实，缺乏真理。那些强大的脑力，若环境适宜，本可掌握最尖端的课题，从事最崇高的探索，名利双收，却被浪费在一种幼稚而荒诞的体系之中。为此，几个世纪以来，中国人的脑力被误用来建造谬误的金字塔，这样的金字塔也许还得用几个世纪的时间来推翻，它对一场有利于基督教真理的道德革命形成了极大的阻碍。

我后来发现，云堂先生赠我的天文学书写于24年前，作者为中国学者，是两广总督阮元的朋友，大约10年前在阮元建议之下撰写了此书①。

4月9日，在郊区漫游中，我把船停泊在河北大码头，在外国商行区下游约6里处。有时，一群人会固执地跟着我，在两边喊着"番鬼佬"，所以很难确定是否安全，是否会受到人身攻击。这种普遍的敌意有一两次明显地超出谩骂的范围。在我穿过人群时，有些卑劣的人会给我一肘，但又看不出是谁干的。

我在南郊河边偏僻的地方，穿过几条小巷，来到南大门附近的刑场。在这里，中国严厉的王法以罪犯的鲜血得到维护；在这里，判了斩刑的犯人，为犯下的死罪接受最后的惩罚。他们面北而跪，以崇尚君权的方式被处死。这条巷子的一边地上摆着二十几个骷颅，另一些则盛在土瓮里，臭气熏

---

① 此书或为李明彻的著作《圜天图说》《圜天图说续编》。李明彻，广东番禺人，清朝学者。其著作在《清史稿》和《广东通志》的"艺文"有记载，并被全文收录在《藏外道书》及《四库未收书辑刊》。——译者注

天，惨不忍睹。这块血田（Aceldama）①是实实在在的陶瓷场（a potter's field）②，用来晾干土瓮的场地。这里到处可见土瓮，上面铺着草席，防止日晒雨淋。虽然个把月来没有斩过犯人，可有时一杀就是二三十人。我站着的地方正是犯人的头颅被一刀斩落之处，没有生命的尸体被用来见证王法之严厉。一些中国人围了上来，我借机向他们分发了一些宣传手册，没有受到人群的干扰。这个地区的人们声名狼藉，常常制造动乱，但这次却相当平静。

　　夜间稍晚，我陪一位传教兄弟去访问著名的长寿寺。该殿位于西郊，在外国商行区西北方向四五里处。我们到时，正赶上庙里做晚课，就站在门外观看。这所佛教寺庙有100—150名僧人，当时有70人左右在大殿里做晚课。大部分时间他们站着，双手合十，口中喃喃低语，伴随着锣鼓声，用巴利文诵赞菩萨。他们有时跪下，有时列队绕殿行走，敲着一种奇怪的调子。一个和尚站在大殿的一角，当其他僧侣经过时，根据寺规，发给他们一人一根木签，上面刻着"寿"字，以证明没有缺席。有几个僧侣见我们手中拿着一些书籍，便离队前来索讨，然后回归行进的队伍，将书留待以后研读。这些僧侣对基督教学说的评价，总而言之是，基督教学说对我们非常有益，对他们则没有必要；基督教也许是外国人最好的宗教，但佛教对他们更为适合。

　　我们上了大殿顶楼。此处可鸟瞰内城。殿下葱茏的树

---

① 源出基督教《圣经》，即杀戮的场地、流血之地。——译者注
② 双关语。另一意为"义冢地"，源出基督教《圣经》。——译者注

木中，两座宝塔巍然耸立。大多数僧侣面目可憎，不讨人喜欢。我们在这静修之处看到一个僧侣，对我们的到来浑然不觉，在一座高大的神像前独自低着头虔诚地念经。

我们走过构成这一重要佛教寺庙的一进又一进的庭院、一座又一座的殿堂，心中谦卑地祈祷，愿今晚分发给许多僧侣的书，能够传递拯救世人的信息与明明白白的基督教真理，使他们得到天堂的赐福，而不会徒劳无功。我看到有的僧侣颈上戴着一串念珠。在异教崇拜与堕落的基督教派①之间，即使是在具体细节上，是那么相似！

4月11日，我陪几位朋友前去拜访大名鼎鼎的潘庭官。他派了一艘船来接我们，并让一位侍从做我们的向导。

我们在宽阔的珠江上向西北航行了约9里路，然后拐进右边一条运河，又行进了半里多，在一座凉亭旁上了岸。

我们穿过花园，一路欣赏着奇花异草，接着又经过几座小桥。小桥将一连串的小湖分割成数块，构成这一避暑山庄的主要风景。值此时节，湖水尚浅、浑浊不清，未能锦上添花。但再过些时日，尤其是6月间，湖水充盈，荷花盛开，与岸上的草木连成一片，呈现出盈盈绿意、簇簇锦团，将会美不胜收。

园中各处点缀着小巧玲珑的建筑，内置家具和摆设，处处体现出园主富有的家境。华丽的石匾，斗大的题词，向来访者宣示着赠送者的地位与影响。由此亦可见，屋主与赠送者之间的友情非同一般。在这些题词中，有一处是耆英与潘

---

① 堕落的基督教派：暗讽罗马天主教。天主教神父亦颈戴念珠。——译者注

庭官共同署名的，并附有两人的印章。

这些小屋里，中国家庭内部的日常活动，通过清晰的图像得以展示，大多是女戏子表演各种滑稽可笑的片断。另一些地方陈列着珍奇玩物，显然是来访的外国客人所赠的礼品。其中有个蒸汽船模型，具有引擎和明轮翼，制作简洁，以利讲解。

此处附近贴着一张告示，是用尚可将就的英文写的。那张告示说，园主希望外国朋友不要赠送礼物给侍者，但若能得到欧洲制造的礼品以资纪念，将会笑纳。

沿湖垒起一圈又一圈的步行道。道旁摆着大笼小笼。笼中饲养着金雉银雉、鸳鸯、白鹤、孔雀、梅花鹿，及其他珍稀动物。各种树木、灌木，以及花坛，令人赏心悦目。亭台楼阁比比皆是，大多建有高台，可以鸟瞰四周。在一处高台上，有3个中国人与我为伴。他们告诉我，他们的祖父就葬在附近，所以一年一度会依循例前来祭拜。

清明上坟图

为了避开逆潮，我们回程时取了另一条道，在运河里航行了七八里路。两岸小木屋林立，建在原木之上，延伸到水里。这些简易的木板小屋，是本地人唯一的遮风避雨之处。我们的船经过时，那些居民三五成群地聚在一起，看到我们中有女人，不停地喊着"番鬼婆"。

我们的船驶出运河，进入珠江一段宽阔的江面，穿行于形形色色的船只构成的航道之间。那些船上居民众多，不亚于欧洲许多城市。成千上万的人聚集在一起，大声喊着，显示出亢奋与好奇。母亲们怀中抱着婴儿，一边咒骂着，一边探头盯着蛮夷女人怪异的容貌。英军占领和摧毁邻近炮台后，曾在这些地方登陆。因此，位于市郊的这块地方曾受过战争的摧残。此地民众对我们的到来，表现出好奇，而非敌意，值得庆幸。

不久，我们在一座宽大的宅第边靠岸。这是当地名人浩官①的儿子与继承人的宅第。浩官之子继承了其父的许多优点。他乐善好施，一直不收传教医院的租金。此一善举始于其父浩官。浩官家宅第延伸到水边，有石阶拾级而上。这是浩官之子郊外的一处住宅，一房姨太太住在这。这所豪华的宅第内部陈设考究，家仆众多，处处显出家道殷实，生活奢侈。

鸦片战争后，该宅第重新修缮，一楼屋顶加了个宽敞的平台，筑有花坛、步道，与女主人卧室相通。我们中的那位女士被立即带到楼上一个大房间去见女主人。女主人在成群

---

① 浩官，十三行之一的怡和洋行老板，本名伍怡和，道光年间为十三行总商。——译者注

丫环的环侍下，与我们的那位女士寒暄了一番。女主人生活奢侈，显然甚为得宠。我们离开时，女主人在二楼平台上观望，身前站着一个女仆遮人视线。但有时，她也走到前面，窃窃私笑，尽情看着下面的外国人。

目前，基督教尚无法传达到这些可怜的女人身上。进行传教的女士，中文程度有限，尚不能向她们启示基督教真理。中国的女子教育畸形，使得女子知识贫乏，理解力低下。即使女传教士有机会分发基督教的书籍，她们当中也很少有人看得懂。

4月13日，西郊闹哄哄的。一支游行队伍抬着一座庙里的神像，穿街走巷，庆祝该神的诞辰。根据惯例，人们每年会将神像抬出庙外，举办盛大游行。游行队伍很长，足足走了18分钟。

游行队伍不时吹起喇叭，敲锣打鼓，许多人举着庙里华丽而俗气的装饰品。男孩女孩穿着奇装异服，骑在马背上。一些妓女，脸上涂着浓妆，坐在移动平台上。孩童的小乐队、少年乐师穿插其间，头戴官帽和其他徽章的官员紧随其后。有些旌旗横幡相当漂亮，价值一定不菲，上面用各种材料写着"天之至尊"等颂扬神像的头衔。值此诞辰欢庆，庙里所有神器经过抛光打蜡，被抬出来游行，以示净化。神像上一年来日积月累的香火油垢得到彻底清除，显得光鲜亮堂。在乐师、骑士、女人、旌旗、仪仗、官员走过之后，人们抬着寺庙巨大的玻璃模型，四四方方的，里面安置着神像，引起围观者哄笑喧哗。最前面的两个玻璃框子里，各坐着一尊神像，约6尺高，两边都站着几个小一些的神像。最后

的那个玻璃框子里只有一尊大神像。

我们傍晚散步时，不巧有两三次碰到游行队伍，给我们计划中的远足造成了一定困难。

有些街上，富裕的店主摆着整套祭奠食品，有水果、糕点，中间是只大烤猪，四边各悬着一面镜子，上面写着几个大字。游行队伍经过时，人们兴高采烈，看不出一丝崇敬或是敬畏之心。每组神像之前有几个穿着特殊服装的人，也许是象征着神灵对天谴之人会使用的惩罚。游行队伍向神像经过的街道征收游行费用，两旁店主解囊捐款，支付给操办的公共机构，使他们能够张灯结彩，增加节庆气氛。整条街上，各家都在自家小小的祭坛上点燃香烛，迎接经过的游行队伍。

英国欠下的鸦片债

　　3月，我第三次出游广州，想要确认民众的感情状态，以及11个月以来传教工作的进展。在我离开的这段时间里，几个传教士从香港调到广州。其中有裨治文博士，他是个阅历丰富的传教士，以前曾在广州住过10年。比起以前，传教医院现在与传教事业更为一致。梁阿发协助几位传教士定期为病人举行安息日礼拜，通常有100人参加。不过，除了在传教士自己的家里之外，其他公共礼拜活动现在已经停止了。

　　我真心希望，最后一次访问这个人口众多的城市时，可以对民众的精神和广州传教开展的规模，获得较为有利的看法。不过，坦率地说，北面一些的城市居民举止友好，安分守己，与广州部分民众独特的狂暴、傲慢气质，具有多么巨大而显著的区别呀！我不禁想起与中国其他城市各个阶层人们自由自在、无拘无束交往的幸福时刻，想起那里的统治者和人民、富豪大贾和平民百姓，无论是在拥挤的市中心还是在偏僻的村庄，都对传教士表示出相当程度的尊敬。我无法不把外国人在那些港口城市所享受到的自由程度与广州比较。在这里，外国人被限制在一个无足轻重的郊区的几条街上，事实上是作为一种遭到鄙视和侮辱的阶层而被囚禁起来的。

　　上次来访时，正值民情极为激愤的时刻。民众显示出极大的倾向，要把权力的缰绳握在自己手中。当地政府处于

瘫痪的状态。耆英发表公告，让外国人有权进城，劝告人们"普天之下皆应和睦友好相处"。

他的这一公告引起民情哗然，导致暴乱。愤怒的人们张贴针锋相对的布告，广州府的衙门和办公机构遭到焚毁，表面上是抗议虐待一些中国人，但实际上是民众反对最近颁布的敕令的愤慨之情的迸发。地方官员只要一出门就会受到当众凌辱。下层民众煽风点火，引发对外国商行的全面攻击。

当地政府公告最终被撤销。他们发布告示，说人民的意愿应当高于一切，"蛮夷"（公告中用的就是这样的字眼！）不得入城。一艘不列颠蒸汽轮战舰开来，停泊在外国商行外面。当地军队同情民众，厌恶外国人，因此不能依靠他们平息动乱。耆英向别处调兵遣将，经过一段时间的准备，最后重新行使决定性的权威，拘捕了一些暴动者首领。在一段时间内，民众的狂热行为得到压制，中国法律的权威再次占领上风。但是外国人出了外国商行走远一些，就不能保障安全。

与此同时，中国的最后一笔赔款已在2月份付清。不列颠借口广州的和平状况没有得到实现，超越规定期限，依然控制着舟山岛。尽管中国钦差大臣与不列颠全权特使之间频繁会晤，而广州部分民众无法无天的暴行导致的重重困难，使得事情无法调解。

一方面，不列颠已经准备就绪，一旦《南京条约》的条款得到贯彻，允许不列颠臣民入城，"不受侵扰或是限制"，即可放弃舟山。另一方面，耆英曾向皇上担保准时收回舟山，因而强烈反对不列颠逾期不还。他声称，这无疑是使他遭到不该有的毁灭的前兆，也会在中国人的心目中永久地留下对不列颠言而无信的记忆。更重要的是，这种做法对保持外国人的商业设施与特权毫无必要。

当地绅士和学者建议对言而无信的蛮夷采取极端措施。民众认为自己人数众多，占据优势，因而竭力制造危机。一旦发生不测后果，他们可以退回自己的村庄。不列颠想要报复，也是鞭长莫及。当地商人和店主，担心财产受损，似乎是唯一不同情好斗的民众的一个阶层。他们对冲突的后果胆战心惊。

在这些动荡与焦虑之中，耆英的身体状况开始急剧变坏。他咳血，一只眼睛长了白内障。当传教医生把听诊器放在他的胸口上的时候，耆英说："我生的是心病，没有医生治得好。"有一段时间，他无法处理公务，看上去心态失常。

这些民众即将造反的迹象，将会使每个人看清，一旦又与中国冲突，战争的危险性将与上次不同。那将不再是跟中国的统治者对抗，而是与中国的人民为敌。这种对抗的严重后果，是任何人都预见不了的。中国其他地方人民的安分守己的性格，加上中国当局维持秩序、保护外国人的基本意愿，提供了持续和睦关系的保障。不过，和平随时有可能受到广州等地的骚乱的扰乱，接着不列颠政府会要求赔偿。而在民众的这种思想状态下，中国政府可能无法或是不愿让步。

许多人会倾向于把以上描绘的毫无规则的事态，看作是腐朽衰败的标志，若不能动摇整个帝国本身的话，将是现在这个王朝的权力毁灭的预兆。但是，这种看法应当加以修正，因为每个朝代经常有骚动和造反。

广州的民众几个世纪以来一直处于一种类似造反的状态。中国处于这种内部危险之中，安全依赖于避免外来的危

机。中国的主要危险，来自北京反洋派系的狂妄自大，亦来自广州群情激昂的民情，从而引起与外国发生冲突。

采纳对"外邦"大度的政策，使政府适应新发生的紧急事件，让外国使节常驻北京，这些应当是中国的真正利益所在。除非中国改变政策体系，放弃闭关自守的国策，否则中国在知识、艺术、实力、财富，以及一种进步的文明所拥有的所有更实质性的东西方面，都会故步自封。

在中国的政治大舞台上活动的最显要的角色中，耆英爱好和平，思想开明，私下仔细阅读外国人撰写的书籍，汲取了相当多的有关基督教国家宗教的知识，似乎没有人比他更适合来阻止国家衰退的进程。

另外还有块危险的暗礁，或许同样会使国家资源遭受破坏，如果这一术语可以严格地应用于一个异教民族和它的全民道德的话。对于消除这个危险的来源，不列颠在很大程度上负有责任。中国政府在过去的半个世纪以来，一直反对把鸦片输入中国。个别官员，或是为了相安无事，或是接受贿赂，无疑默许了这种罪恶勾当。但作为政府，他们明文规定，禁止鸦片输入中国。这是每个独立的国家具有的不可剥夺的神圣权力，每个国家有权拒绝走私物品输入。

同禁止从外国进口鸦片相一致的是，中国自己禁止种植鸦片。中国曾经有6个省份在不同时期偷偷种过鸦片。中国政府永远有权不准外国鸦片进口，而简单地鼓励人们在自己的土地上种植罂粟。但是，他们选择了相反的道路。

大量的证据显示，尽管沿海省份的下属官员行贿受贿，默许鸦片走私，但影响中国朝廷，使之决定禁止鸦片的，在很大程度上，若不是主要的，则是抽鸦片引起的道德败坏。这种反对始于18世纪末的嘉庆年间。

1796年，嘉庆帝下谕禁止鸦片。在这之前的几年，中国白银进出口失调，给这种令人担忧的罪恶又加上一条罪状。让人怀疑外国人居心叵测，担心银元宝"流出国外"。这种担心超过或者替代了禁止鸦片的所有道德方面的考虑。但是，虽然应当承认财政方面的考虑或许得到增强，甚至在许多案例中导致中国最高当局反对进口鸦片，人们可以不失公允地问，用财政方面便利和自私的考量来加强一种政策，是否有不当之处？这种政策的基石，就建立在内心的道德责任之上，建立在道德真理的外在原则之上。

那些极力为向中国走私鸦片辩解或是辩护的人的立场，同样站不住脚。他们的理论是，假如一国政府颁布法律，禁止任何非法买卖，那么该国政府就应当采取有效措施，实施禁令。不过，那些走私快船全副武装，遍及中国的整个海岸，面对的是像中国这样的软弱政府，几乎在防御和战争中毫无招架能力，这种理论不是十分荒谬吗？

中国深深地感受到鸦片引起的资源枯竭。那些爱国的当地学者，耿耿于怀他们城市过去的富庶与辉煌；然而现在，由于鸦片走私，他们的城市迅速衰败了。这个主题相当难解决，迟早会使两国政府尴尬。

不列颠信奉基督的议员们，请你们正视这种罪恶，勇敢地面对这种危险吧！鸦片无疑是我们英属印度政府的有利可图的收入来源。那些对这个问题不重视的人也许不愿作出放弃。但是，让印度从其他的来源征集税收吧！不要再向一个

遭受我们奇耻大辱的政府搜刮，不要再欺凌一个无力严格执行走私法令的政府了。

不列颠已经在这件事上欠下了沉重的责任债。基督教以慷慨和公正著称。除非基督教的道路得到严格的遵循，为了解放奴隶的事业将2000万英镑的银元奉献在人性的祭坛上，否则，向未来的人们展示的历史的那一页，将会失去所有的光彩。在那一页的对面，将会记载着我国贪婪成性，每年从一个虚弱的、无力自卫的异教国度海岸走私的赢利中，搜刮2000万两白银。那一定会让人看了恶心。

不列颠已经展示了她的实力，展示了巨人的风采。愿她也向这个异教国度的人民和统治者展示一个基督教政府的崇高，展示她不屑于压迫的伎俩，而为了人类的最大利益，大发慈悲吧！

英国外交官密福特：
广州，一种自给自足的繁荣

于 1865 年

　　密福特（Algernon Bertram Freeman-Mitford，1837—1916）是英国外交官、古董收藏家、作家。他出生于英国伦敦，3 岁随父母去欧洲大陆，定居德国法兰克福。1842 年至 1846 年，主要在法国巴黎和特鲁维尔生活。1846 年至 1854 年，就读于英国伊顿公学。1858 年进入英国外交部，最初在圣彼得堡担任英国驻俄国大使馆二等秘书。1865 年至 1866 年自愿到北京英国驻华使馆任职。1866 年奉调去日本，任英国驻日本外交使团二等秘书，1870 年由于健康原因离职，回到英国外交部。1873 年正式辞去外交部工作。1874 年担任英国公共建筑部大臣。同年结婚，夫人是埃尔利伯爵的二女儿克莱门蒂娜，育有 5 男 4 女。1866 年 5 月，密福特的未婚堂兄约翰（瑞德斯戴尔伯爵一世）逝世，将大笔遗产赠予他。于是，密福特辞去公职，举家搬迁到位于格洛斯特郡的领地。1892 年至 1895 年，担任国会保守党议员。1902 年获得爵位，成为瑞德斯戴尔男爵一世，经常出席上议院，就有关远东问题发

言。1906年，伴随亚瑟亲王再度赴日，向明治天皇颁发嘉德勋位。

《清末驻京英使信札》（*The Attache at Peking, London: Macmillan and Co., 1900*）全书共29件信札，记载密福特赴任途中所经香港、上海、山东烟台、天津大沽口等处见闻，主体部分记载北京的经历，旁及宣化、长城沿线、内蒙古等地。其时（1865）第二次鸦片战争刚刚结束，清政府先后签订《天津条约》《北京条约》《瑷珲条约》等条约，列强侵略更加深入。战争结束后，清政府集中力量镇压了太平天国运动，维持统治。外国侵略势力扩大到沿海各省和长江中下游地区。中国社会的半殖民地化程度进一步加深。该书对当时中国的时局、晚清重要人物等均有记载，可补史书缺失；对满族、汉族、蒙古族人民的文化习俗、宗教信仰及四时节庆、市井百态进行了直观描写，为了解晚清社会风土人情提供了宝贵资料。以下摘录的是密福特在来华时途经广州所记录下来的所见所闻。这些文字反映了广州在这个动荡时期的政局和社会面貌，可以和第一次鸦片战争后的广州，甚至更早的广州面貌做对比。该书中译本曾由陆瑾、温时幸和李国庆合作，作为《亲历中国》丛书之一种在2010年由国家图书馆出版社出版。

中国人说得没错，没有我们，他们照样过得很好

离开中国南方前，很想看看广州。于是，4月28日，与朋友一起搭乘定期往返香港与广州之间的大汽轮。这种大汽轮本身就十分有趣。船舱分隔成不同的区，分别给欧洲人、波斯人，以及当地穷人使用。中国上流社会的家庭坐在没有门的包厢里。知道这种汽轮有多大吗？3个星期前，时逢节假日，"金山"号载了2063名中国人去广东上坟。美国的汽船（我们搭乘的就是美国的发明）极为注重速度，二百六七十里水路，花了不到6个小时。

出游的那天上午，阳光明媚。香港湾位置极佳，空中朵朵白云，向周围的山峦投下宜人的阴影。海面风平浪静，宛如清澈见底的湖泊。我们坐在矗立在前甲板像座大楼似的头等舱里，享受一缕缕清风，欣赏着人间美景。起初，河岸就像香港一样，荒凉、贫瘠、多山。但更远处，可以看到开垦的迹象。大蕉和碧绿的水稻，在沼泽地里长得郁郁葱葱。竹子紧挨着水边茂密地生长。山岭低矮，看上去不像未开垦过，那里果实累累。

我们把贸易强加在极不情愿的中国人头上，为此而摧毁的要塞，不计其数的船只舢板，以及东一座西一座各层探出野草的宝塔，这一切显示，我们已接近了一个城镇。

经过4.5个小时，我们抵达了黄埔。那是个悲惨的地方。

居民就像其他地方一样，看上去肮脏而堕落。当地的生意，似乎只有几座石灰窑、几家大豆或者番茄加工厂，以及几个用来清除附在船底的贝壳和海底污物的干船坞。从今以后，我会一直把大豆看作黄埔污垢的主要因素。

广州本身也不怎么干净，腥臭的珠江怎能清洗它的面容？来人若期望看到一个码头众多、建筑豪华的城市，一定会大失所望。各式各样的小木屋，低矮肮脏，杂乱无章，拥挤不堪，几乎一直盖到水里。似乎这还嫌不够，大街小巷和船屋区，到处挤满了人，或许还有其他生物。河里停泊着许多舢板，装备着枪炮自卫。假如机会来了，也可以发动攻击。这些船，样子奇特古怪，巨大的船头造得像海洋怪兽的头颅，两边画着一只大眼。中国人把他们的船当作会思考的生灵。他们相信"没有眼就看不见，看不见就走不了"这种想法，令人无言以对。甚至"金山"号也遵循着这种思路，每个明轮上画着一只眼睛。

广州河上的景象，如同香港一样，最为显眼的，就是众多女人操纵的小船。母亲居中划桨，小姑在船头划，奶奶在船尾划。我确信，围绕在汽轮旁的中国女人，有好几百。相形之下，动物园的鹦鹉房要安静得多。艰苦的工作，用力划桨，使得她们的肺发达得像气囊一样。她们自称是老主顾，凭此拉客。"我的船客，我的船客，好久没见你到中国来了。"然而，我们有自己的船，所以只得耐着性子清出一条路，上了岸。

对珠江的描写，假如不提到远近闻名的"花船"，则不会完整。"花船"是体形巨大的驳船，停泊在河边，船身上装饰着各种不值钱的镀金的纸灯笼，以及中国的能工巧匠所发明的奇奇怪怪的装饰品。这些花船就是维纳斯的殿堂。船主大多身材矮小、皮肤焦黄、相貌丑陋的女人，穿着色泽黯淡的服装，扁平的脸上抹着桃红，比涂在欧洲人脸上更为难看。不过，也有几个姿色不错。她们的手脚很美（脚被人为地弄成畸形的不在此列）。可以这么说，这是所有中国人唯一的天赋美。一旁伺候的男仆，个个双手洁净，纤细修长。对此，欧洲女士也大多会羡慕不已。他们不必在大拇指上缠餐巾，也不需戴白色棉质手套。他们的纤指玉甲，让人赏心悦目。晚上，灯笼点起，俗气的装饰不再那么令人恶心。花船显得华丽，成为广州一景。这个行业并不会被人看不起，不至于让船上的姑娘以后无法风风光光地嫁人。至少人们是这么说的。

有幢空房子可供我们使用。于是，我们便带了一个仆人、一个苦力和一位当地厨师，住了进去。在这里，享受到平生最丰盛的晚餐。抵达住宅时，发现管门小厮不在，回家上坟去了。在中国，清明上坟是人人遵守的习俗。虽然知道我们要来，管门小厮照去不误。这里说的"小厮"，就像《雾都孤儿》中的用词，也可指年岁已高的老人。

我们下午3时30分到的，房子里没有半点燃料，也无炉灶。尽管如此，到了8时，我们一行4人已围桌坐下，享用晚餐。晚餐内容丰盛，有咖喱浓汤，珠江出名的龙利鱼，3碟凉盘，炖得火候正好的牛脊肉、竹鸡和咖喱对虾。甜点有香蕉、广橘和吃起来像玫瑰花瓣似的蒲桃，以及荔枝果脯。所有装饰得极有品位，鲜花点缀，香气扑鼻。我们带了

酒来。总体来说，从未吃过比这更好的晚餐。若是英国的仆人，来到伦敦的一幢空屋，能做出这样的晚餐吗？中国人学会我们的烹调方式后，就成为世界上最棒的厨师。烹调艺术，需要有一双灵巧的手和丰富的想象力，而并不要求了解事物之间的关系，因此适合他们才能的发挥。

我担心，向您介绍广州，无法尽善尽美，因为要介绍的内容太多，非一封信可以道尽。不论是莎拉先生，还是其他自称为文学鉴赏家的人，至少得用整整一个篇章，方能在臭气熏天的环境里，写得大致圆满。

广州的街道十分狭窄，3人或可并肩而行，或许还可塞进一个纤瘦的小孩。街道两旁，店铺矮小，还挂满灯笼以及五颜六色状似旗帜的垂直条幅，看上去就像童话剧中一支肃穆行走的队伍，被小丑的魔杖一点，变成了街景和广告。

街道本就狭窄，然而只要有一尺之地，就有小贩设摊，兜售各种物品，有肉、鱼、水果、甘蔗、糖果，以及只能称之为廉价品的东西。世界上肤色最黄的人群，慌慌张张地穿梭而过，每个人显得忙忙碌碌，行色匆匆。苦力挑着各种货物，有整担的柴火，也有满箩的韭菜。行人需眼观六路，避开扁担。拐角处，转出一顶轿子，抬着一位中国达官贵人。他就像法国女人喜爱的那样，在轿上懒洋洋地打着盹儿。轿后跟着五六个头戴红缨白帽的警卫。一个小脚妇人，迈着哆哆嗦嗦的双腿让路，差点被撞倒。

若是有块空地，就有江湖郎中或者算命先生在那，让病人张开嘴探望，就像马夫查看马的牙口。不然，就是用一把扇子神神秘秘地敲着脑袋，看得一小群旁观者目瞪口呆。

难得见到一两条狗。这些小东西，机警得很，似乎知道不可走散，否则可能上了屠夫的砧板。其他动物，概莫能见。

在这里，负荷重担的生物是人，见不到拖拉东西的牲口。马车、平板车，或是小贩的独轮车，根本无法穿过这样狭窄的街道。

街上的忙碌程度，令人惊讶。木匠、皮匠、铁匠、雕刻工，简而言之，各行各业的技工，在为生计操劳，没有空闲的人。

屠夫忙着分割好肉差肉。鱼贩子忙着刮鳞剖肚，掏出内脏，小心地搁在一边。不论是好肉、差肉，还是内脏、肠子，会有买主（我看到一条可爱的松狮幼犬，像是条褐色绒毛犬，正被人送去屠宰，差一点儿把它买下放生）。燕窝、禾花雀、中国莺，各种山珍海味应有尽有。紧挨着的，有各种令人反胃的东西，诸如老鼠、小麂等。

蔬菜水果店铺最有吸引力，至少那里不会摆出令人望而生厌的东西。广橘、苹果、荔枝以及蔬菜，按十分新奇的条块摆设。香蕉、韭葱、莴苣和其他绿叶蔬菜，用绳子扎起，从天花板上垂挂下来。每样蔬果摆得恰到好处。

竞争相当激烈。人们竭尽全力，亦是难以维持生计。广州的鞑靼城（Tatar city）①与中国城（Chinese city），以及郊区，居民众多，还有成千上万在船上出生、过活、老死的人。船民没有土地，只有死后才能得到 2 米长、1 米宽的公用葬地。珠江两岸，总共大约有150万居民。其中，欧洲人不

①即八旗驻防营。

足100人。

英国人回到广州之前，香港的中国人死要面子，总是对人说，1856年的炮轰并没有对广州造成多大损坏。若有人问起叶名琛总督的衙门是否受损，回答总是："没什么，我老公听说只打碎了些锅碗瓢盆，就这些。"但事实是，广州城至今仍可见受炮轰留下的痕迹：大火焚毁了成片的房屋街道，总督衙门被夷为平地。法国人吞并了那块地，正在它的原址上建造大教堂（Cathedral）和耶稣会学院（Jesuit College）。

尽管炮轰给广州造成严重破坏，但还是有许多值得一看的地方。总督府以及其他主要政府部门，依然矗立。我只看到这些宫殿式建筑的外部。这些建筑看上去差不多，没什么区别。大门呈拱形，两旁墙壁上各画了个巨大的武士。大门正对着一堵空墙，墙上勾画出某种传说中的怪物的轮廓。这种墙好像是用来张贴告示的。门口摆设着大理石雕成的麒麟和怪兽，院内到处是官员和随扈。屋顶设计千姿百态。本人对它们的风格并不比读者更了解。此外，后面的书信也许会有机会谈及中国官府的内部设计，这里暂不赘论。

我们去看了地藏王庙和闻名遐迩的五百罗汉堂[①]。

地藏王庙里有众多中国天才发明的刑具，用来折磨犯奸作科之人。守护在大门两边的，是两尊高大的神像，赤面獠牙，胖得出奇。一张张纸条，有的上面书写着文字，更多的

①即华林寺，位于广州荔湾区下九路，南朝梁普通七年（526）初建。堂内五百罗汉像在"文化大革命"时被毁，1997年重立木雕的五百罗汉像。——译者注

则是白纸一张，被虔诚的人们当作祭品，贴在神像上。这是中国人对死者和神灵表示尊敬的方式。

大门内，有个宽敞的院落，人头攒动。院内，四周摆着小桌子。算命先生，有的年纪尚轻，有的已年迈，颏下几缕山羊胡须，鼻梁上架着厚如龟甲的眼镜，像法官那样，正襟危坐，挥毫写字。

竹子围栏里展示着受刑的假人，场景恐怖，庙名即来自于此。穿过庭院，就是神殿。从神殿出来后，脑子一片混沌，只记得那里光线阴暗，有金箔、假花、纸条等。

五百罗汉堂要有趣得多。入口处，像地藏王庙一样，有两尊巨大的神像护卫。一尊神像代表安抚，怀中抱着一把曼陀林。贴在这尊神像身上的纸条，许多剪成曼陀林的形状。

无人引领我们，也无人阻止。我们一路闲逛，穿过粉白洁净、迷宫般的回廊，来到膳房（这座寺庙里有个和尚居住的内庙），看到许多和尚在用午膳。我们到的时候，听到一声悦耳的轻微铃声，只见用膳的和尚站起身来，齐声背诵一段短短的经文。之后，一位高僧在弟子的引导下，先行离开膳房。这间膳房呈方形，里面摆着几张长桌，一头与回廊相连，由一道低矮的竹栏杆隔开。

高僧一走，其余的和尚立即拿起碗筷，继续用膳。和尚穿的是一套浅灰色长袍，剃光头。但在其他方面，他们的服装与俗人并无差异。

罗汉堂本身是个大厅，五百罗汉分行排列，对面而坐，庄严威仪。所有的罗汉身上镀了金，身材像真人般大小，假如可以用这样的术语来描述神像的话。五百罗汉，千姿百

态，表情迥异，职业不同。有的在弹乐器，面目和蔼。有的显然在宣讲，一副训导的模样。有的在惩戒或者打斗，凶神恶煞一般。有个罗汉骑着麒麟，表演高难度骑术。两只小麒麟在一旁观看，一脸钦佩的神情。每个罗汉看上去都体态丰满，大腹便便。他们的面前放了只绿色的小瓷盆，积满供奉他们的香灰。

和尚对我们很客气，无论是在这座寺庙，还是"地藏王庙"，没有索讨或是期望得到钱财。若是欧洲人也能以这些异教徒为榜样，不在教堂里收取入场费，那该多好啊。

可想而知，首次访问中国这座著名的大城市，所见所闻，自然显得神奇。不过，最令人称奇的是，我们可以随意四处游逛，冒昧进出寺庙，东打听西探究，就像黄鼠狼进了养兔场，挤进人堆里而不受骚扰。若在几年前，欧洲人胆敢越出商行一步，轻则会被抢劫、挨砖头，或许还可能遭受酷刑，千刀万剐，丧失生命。

以前，广州一直是对华贸易的总部。现在广州已经安全，居民性情平和。然而，扬子江的开放，为欧洲人与中国交易开辟了一条新的渠道，可谓造化弄人。

广州的繁荣，有目共睹，令人印象深刻。但这是一种本土的繁荣，自给自足的繁荣，不必依赖欧洲。广州的繁荣显示，中国人说得没错，没有我们，他们照样过得很好。

英国的主要商行觉得在广州的生意不大，雇用代理人更为划算。只需给代理人小小的一个百分点，就可以打理那点生意。就在他们从广州撤出各自的代表之前，英国与当地政府达成一项协议，让我们租用一个小岛。那个小岛名叫沙面，是个泥岛，得花很多钱去填平。那里将成为英国人的住宅区。沙面岛上已经建造了教堂和新的领馆。岛上还有几座平房，属于商人的，空闲着，没人住。但这个地方似乎不可能变得多么重要。商人在此看不到有什么可以吸引他们回来的东西。因此，到目前为止，租用沙面并不成功。

距沙面不远，有个私家园林，是中国商人潘庭官的。潘家园林中，避暑别墅、平台、石阶、吊桥、金鱼池、假山、花卉，布置得错落有致，正是绅士淑女饮茶、散步的好去处。园林中的围墙上，镂出一个个门洞，形态新颖，如圆圈、如酒坛、如花瓶。现在正值雨季，潘家园林尚未显露出最佳状态，但已经非常美了。只不过按照我们的观念，园中死水多了一点。培根勋爵在《论花园》一文中写道："喷泉赏心悦目，给人清新的视觉，而水池则破坏景致，滋养蚊蝇、青蛙，致使花园不利于健康。"倘若此论在英国属实，那么搬到东方就更为适宜。中国园林没有花坛之类的东西。植物恣意生长，毫无秩序，缺乏条理，但照料得十分精心。事实上，整个园林维护得十分漂亮，似乎有许多园丁和工匠。中国式的花园，园丁和工匠的作用，极为显要。

您一定想知道一些有关中国的古玩店的事。我去过几家，但发现尽是些毫无价值的东西，还要价奇贵！只要东西好，中国人不在乎价格。古董商人会把最好的东西带到当地行家那里，而把不值钱的东西留在店里，发誓说每件都是老祖宗的古玩，卖给到店里来碰运气的顾客。我花了几个先令买了个小瓶，作为到广州的纪念。但即使我的钱堆积如山，也没有欲望花在那里。

　　我在广州遇到一位老朋友，那就是英国领事 R 先生。他和蔼可亲，是个很好的导游。R 先生在中国度过了大半辈子，在对华关系的方方面面是个权威。他的住宅是个风景如画的衙门，花园颇大，值得一逛。白天，我俩大部分时间在一起度过。晚上，不是在我的住所就是在他那美丽的阿拉丁宫殿（Aladdin's palace）共进晚餐。

　　5 月 1 日，我们回到香港，发现半岛及东方航运公司从星期四（5 月 5 日）开始增加一艘汽轮。我于是决定不再等邮件，而直接去上海。这一临时决定，导致我没能去澳门一游。澳门是香港郊游的最佳地点。但此时雨季正盛，没去澳门或许并没有多少损失。无论如何，我将别离香港的朋友，心中依依不舍。香港的朋友，友善好客，无出其右。

德国银行家恩司诺：
广州商业、民情考察记

于 1886 年

　　19世纪中叶，中国的大门是老牌帝国主义国家英法率先打开的，德国与清政府正式打交道是在1861年，比英法晚了近20年。准确地说，那时还没有德意志帝国[①]，所谓"德意志者，日耳曼列国总部名也，旧名邪马尼，居欧洲中原，同盟三十六国，而中唯布路斯最强"。所谓"布路斯"即普鲁士，"邪马尼"则应该是德语"Germania"的对译，意思是日耳曼。"咸丰十一年，布路斯及德意志诸国请照英、法等国换约……"[②]指的就是德国外交使团于1861年3月抵达上海，要与清政府签订通商条约，一体均沾英法《天津条约》所攫取的利益。经过几个月的软磨硬缠，德国从上海闹到天

---

　　① 德意志帝国通常是指从1871年1月18日普鲁士王国统一日耳曼地区到1918年霍亨索伦王朝末任皇帝威廉二世退位为止的德国。其正式国号"德意志帝国"，也是后来魏玛共和国和纳粹德国的正式国名。——译者注

　　② 赵尔巽等：《清史稿·邦交五》第16册，中华书局1976年版，第4599页。

津，直至威胁要继续北上，终于如愿以偿。于是他们建立了贴现协会和德国银行领导下的在华建造铁路的金融和工业大财团。该财团在1886年派出3名代表前来中国，实地考察铁路问题及其他国情，以便为德国国内工业的产品开辟巨大的新销售市场，为欧洲贸易和企业开辟巨大的新劳动力市场。代表之一为恩司诺（A.H.Exner），直译的话是埃克斯纳。因为书中有一张他的名片，上有中文，可知他也曾入境随俗，取了这个中文名字。他回去后写了一本《中国：土地、国民、贸易》（*China. Skizzen von Land und Leuten mit besonderer Berücksichtigung Kommerzieller Verhältnisse*）。

恩司诺是1886年2月16日来到中国的。在此前后，中国发生了不少大事，给了他观察中国近代化历程的难得机遇；德国对华铁路财团的德国银行代表这一特殊身份和使命，又给予他特殊的视角和机会，使其游记内容丰富而翔实，分析、思考和评论独特而中肯，具有相当可贵的研究参考价值。比如，中法战争在战局的发展逐渐对中国有利的时候，突然以大清国放弃了对越南的宗主权而停止。中外对此议论纷纷，不明所以，李鸿章则为此背了千古骂名。恩司诺在书中给出的原因，尽管是耳闻，乃是朝廷担心法军北上，下令储备粮食，以确保在相当长的时间里足够集结的中国北方军队食用。可是朝廷不知道，当时很多粮仓是空的，即便有也大多是烂米。于是造成这种情况的各级贪官污吏联合起来，成功地说服朝廷同意缔结和约即《中法会订越南条约十款》，简称《中法新约》。天下太平了，当然也就没人再关心北京大米存量的多少及质量的好坏了。这听起来有点不可思议，但是鉴于晚清官场的腐败，也并非完全不靠谱。到那时为止，中国在抵抗外国侵略时屡战屡败，于是就有李鸿章练新式北洋水陆两军之举。1886年，皇帝的生父醇亲王（奕譞）巡阅北洋海防，来到天津。恩司诺有幸目睹了为此举行的操演。中国的记录说："所习德国步队操法整齐，他军竟莫之能胜，其于西洋炮法讲求亦极精熟。操毕，王叹赏不置，旁观者皆惊为向所未有。"①。然而作者却以为："从实战角度讲，在欧洲人看来却没有什么价值。"他进一步评论说："中国人坚信，欧洲军队的成功仅仅在于他们有更好的武器装备。事实是，欧洲军队的强大主要在于严格的军纪、优秀的指挥官和更高明的军事策略。""尽管中国拥有各种材料，花费了巨额资金发展和训练军队和军官，至少在沿海各省，如今还没有一个营或一个连可以和欧洲最差的军队相比。"接下来的历史被他不幸而言中：先是北洋水师在甲午之战败给同处亚洲的日本，随后其余各部被八国联军打得落花流水，逼得清廷逃离京师。他的分析，即使在今天也有一定的借鉴作用。

　　关于19世纪广州的商业和其他社会状况的纪实性游记，跟英、法文的相比，德文的较为稀少。另外本书包含了多幅平版印刷彩图和凸版插图，相当珍贵。以下关于广州部分的文字即摘编自熊健、李国庆的中译本。

---

① 周馥：《醇亲王巡阅北洋海防日记》，周氏师古堂民国二十七年刊本。

童话般的神奇国度

　　约10天以来，我们住在香港，还在英国人的地盘上，但是周围留辫子的人证明我们已经来到了中国的大门口。我们愈发地想要亲自了解一下这个童话般的神奇国度。1886年2月16日清晨，政府建筑部B先生、库尔特先生和我登上了停泊在巨大的维多利亚港准备出发的港粤澳轮船公司的轮船"河南"号。几个小时后，它把我们送进了"天朝"。

　　我们的轮船，尤其是它的大厅，设施非常精美舒适。船票不算贵，最高4.5银元。头等舱有两个设施豪华的大厅，较大的一个是给欧洲人专用的。和大厅舒适的生活设施形成鲜明对照的是它的武装设施。轮船公司为了防范海盗对欧洲游客的袭击，在船上配备了小型军火库，备有装满子弹的左轮手枪和步枪，还有佩剑和刺刀，放置在大厅墙上和柱子上的木架上，以备随时取用。每天乘坐轮渡往来于香港和广州之间的苦力常常有好几百人，被安排在甲板下的通舱里。它的所有出口有铁栅门隔着，并由一名带佩剑和左轮手枪的海员看守。在它的附近有喷水管和锅炉房相连，一旦发生哗变，可以用热水招待闹事的通舱乘客。

　　海盗袭击在从前不算稀奇。他们常常让一部分人假扮乘客，混上被定为猎物的轮船。不过，随着近年来欧洲国家的战舰，特别是英国战舰和中国战舰对海盗进行的大扫荡，如今这些海盗大多只敢袭击中国的小帆船了。

巨大的桨轮有力地转动着，推动"河南"号颠簸西行。我们离开了左边针叶树繁茂、礁石环绕的大屿山，几个小时里迂回行进在许多被中国人砍伐殆尽的小岛之间，在大约上午11点抵达了诗情画意的珠江入海口虎门。河的两岸环绕着高大的长有少量青苔的黑岩石。河岸上有一长溜军事堡垒，其中有的是旧物，有的是因中法战争而新建的。炮台呈星状分布，装备良好，配有克虏伯和阿姆斯特朗火炮，控制着入海口。河岸斜坡边上停泊着一些中国的炮船，每条船用一个字标识。沿河而上，我们不断经过防御坚固的河岸哨卡，这证明屡经战乱，为了保卫广州，防范措施在不断加强。装满石头的沉船导致河道窄小，无法通过。西南边较大的支流甚至因此完全被封锁，海轮必须在沙面之前的下游就抛锚。

珠江下游水流湍急，中等吃水量的海轮全年可以进出广州。我们在水上走了1.5个小时，便远远看见一个山丘上矗立着一座7层宝塔。接着我们就接近广州郊区的黄埔了。黄埔曾经是广州对外贸易的集散地，同时是广州的船运码头。自从轮船代替了帆船，它繁华不再。如今我们面对的几乎是个废墟，只有疍民简陋的土屋和竹屋供我们想象其昔日的辉煌。

逗留了几分钟，我们继续前进。在大厅吃完盒装午餐，离目的地越来越近了。轮船速度渐缓。河面尽管很开阔，上百条船依然把河道堵得水泄不通，不得不鸣响信号钟，警告成群结队的中国船只。除了造型各异的帆船、桨船、拖船、渡船，从身旁经过的大约可载百人的轮船特别吸引了我们的注意。真是难以置信，19世纪了，这些船还是由一些赤着上

身的苦力，用脚踩着和桨轮一样大小的踏轮行进的。我们越接近城市，河面上的人就越多，越有生气。沿岸排了一溜一溜的房船、茶船和花船。这些船上有一些是晚到的旅客，因城门早闭，当晚不能进城，就在这些游动的酒家和店家打尖过夜。许多满载着客人、货物和家用器具的商船、渔船和其他船只在江上来往穿梭。

过了一会儿，一座巨大的城市展现在我们眼前。房屋的海洋里矗立着壮观的天主教堂，在1860年由明稽章（Bischof Guillemin）①主教奠基，现今尚未完全竣工。②在这里，每一个基督徒看到这个基督教信仰的标志时，自然会心潮澎湃。但也不可否认，这么一个大型的教堂和无数中国的小寺庙对比太鲜明，当然会激起人们的愤怒，尤其是对传教士的更大仇恨。在过去的艰难时期，由于该教堂为方圆百里的人们所共知，其大门便成了愤怒的民众破坏和发泄的最佳目标。住在这里的欧洲人大多认为，在城里许多不同的地方建造小型的教堂比较可取，既可达到目的，又较少引起人们的憎恨。

广州是中国南方最大的贸易基地和港口，位于珠江北岸，距离入海口大约82英里。它是广东的省会，人口约1500万，其中8万到10万住在水上。城市附近的运河和支流布满各

① 法国传教士，为天主教粤桂监牧区首任宗座监牧（1853—1886）。——译者注

② 应指石室圣心大教堂，坐落于广州市一德路。原为两广总督叶名琛的官邸所在地。第二次鸦片战争中，官邸被占领并烧光，然后被改为教堂。该教堂始建于1863年，落成于1888年，历时25年，是天主教广州教区最宏伟、最具有特色的一间大教堂。由于教堂的墙壁和柱子是用花岗岩石砌造，所以又称为石室。——译者注

式船只。这些船只许多由妇女运作。她们把孩子绑在背上，不致影响工作。疍民的家人很少离开他们的船。他们的棚船就是他们长期落脚的地方。无论大小、简陋或者豪华，疍民家家供着祖先灵位和家神，后者是一张南海保护神洪圣公的画像。棚船小巧，可乘坐1到5人。拱形棚顶悬挂了一根驱邪的棕榈枝。他们的孩子经常很小就在船上爬来爬去。为了预防落水淹死，父母通常用长绳一端把他们牢牢拴在船门上，或者在他们身上绑一块轻巧的宽木板，以便落水时可保持不沉，等待父母相救。我这里强调"父母"，因为出于迷信，邻居在这种时候不会出手。中国人错误地认为，落水鬼会在水面徘徊，直到拖另外一个人下水。因此，其他出手相救的人不愿惹怒希望找到替死者的落水鬼。

中国至今还很迷信。人们认为地球是一个盘，被绕着地球旋转的一层星光熠熠的壳包围着。太阳晚上落到大地里面，次日从大地的另一边钻出来。月亮从海里升起，又落入海中。同时海里住着一个巨大的牡蛎，彩虹就是它的呼吸。住在云后面的龙神掌管降雨，电母则用一面闪光的镜子，把电光射到恶人身上，雷公就可以用霹雳打他。天狗要吞食天体，它的影子导致了日食和月食。人们通过在城市街道上敲打锣鼓或其他响器，把这个黑色的怪物赶走。

中国把盘古公视为世界的创造者，很多地方有崇拜他的庙宇。盘古公出于一个大鸡蛋似的混沌世界。他把自己四分五裂，用蛋壳的上半部造了天，用下半部造了地，右手造了太阳，左手造了月亮，再把星星钉在天上。他又造了五大元素：土、水、火、金和木，接着用一块金子和一块木头各造一朵霾云。他对金云哈气造了阳，对木云哈气造了阴。两云结合得了一子，即金鸡（Jing-Jih）；得了一女，即姹女（Cha-noih）。这就是一对人类最早的伴侣。他们的后裔慢慢繁衍，遍布大地。大地的中心就在中国，其他国家当然无足轻重，只是附庸，围绕中国而居。"中国"因此得名，意思就是"位居中央的帝国"。

刚才离题了，现在让我们再回到船的话题上来吧。上文已经提到，沿着河岸，有烧饭做菜的餐馆船、有带床铺的旅馆船，此外还有很多浮船和木桩建筑，形成街道的样子。它们大多破旧，用细细的竹子建造在水面上，和我们先前在黄埔见到的建筑很相似。发大水时这些木屋经常被水淹没。屋外挂着各式的网，表明住在里面的大多是渔民。

就在我们探究这些疍民的日常生活时，轮船已不知不觉抵达了码头栈桥。船停泊了几分钟后，我们熟悉的德国贸易公司的代表德特梅林（Detmering）先生来到船上。我们在香港时向他通报了访问计划，他现在就是来盛情邀请我们在广州逗留期间做他的客人，在他那里下榻。当时广州还没有欧式旅馆，我们便感激地接受了他的友好提议。在我们的新朋友的陪同下，几分钟后我们第一次踏上了"中华"大地。

这里有许多美丽的、丑陋的和有趣的东西。四顶轿子，每顶由4个人抬，在码头栈桥上恭候我们。我们坐上轿子，像王子一样被抬着穿过三四米宽的窄巷。巷里人群拥挤熙攘，散发着难闻的气味。最后我们经过一座桥，抵达了欧洲人的租借地沙面。

这个小岛不足3000英尺长、1000英尺宽，与城市一河相隔。岛上曾经满是淤泥沼泽。1859到1862年间，清政府按照与英法政府的协定，耗资32.5万银元营造了这个小岛。英国占有小岛的大部分，1/5属法租界。还有其他一些国家的人员，主要是德国人、美国人和荷兰人，也住在岛上。如今岛上有枝叶繁茂的林荫大道，郁郁葱葱的网球场，美丽的花园，维修良好的人行道；还有宽敞的走廊环绕的一幢幢优美建筑：欧洲人的办公室和住宅、领事馆、一个国际俱乐部、一个小教堂。它与临近的中国城（Chinesenstadt）的肮脏、嘈杂和恶臭相比，有天壤之别，纯然是一方世外桃源。

广州人从前以仇外而著称。1861年《北京条约》签署以前，欧洲人开在这里的商行不止一次被愤怒的民众摧毁。至今清政府仍然要采取一定的措施，来保障欧洲人和他们财产的安全。每一座通往沙面的桥梁有重兵把守，外人未经许

从珠江江面眺望广州城

可不得上岛。这些卫兵的武器和现代装备相比简陋得可笑，但是也够用了，因为一般民众很难拥有比这更好的装备。他们的武器就是在帐篷里组装起来的长柄斧，各种形状和大小的刀剑，又大又老的猎枪，还有弓箭。把沙面和中国城隔开的河上堵满了小艇、棚船和筏子。这儿环岛居住在水上的居民起码有三四万人。如果有心攻岛，不必非得从桥上过，借这些船就能轻易得手。人们一般认为，中国守卫只要不和袭击者同流合污，用大刀斧头也足以把袭击者轻而易举地赶回去。而事实上保护生活在这里的少数欧洲人的力量，主要还是长期在附近香港驻扎的欧洲战舰。较高阶层的中国人，除了某些满人和文人，对外国人的敌视比较少，尤其是中国商人，非常清楚欧洲人是他们的大主顾。经常发生的动乱其实另有原因，主要是统治中国的满人腐败。这在中国南部显得最为突出。而驻广州的两广总督叶某[1]是当时腐败和野蛮势力的代表。众所周知的1854至1855年的广州动乱被镇压后，他下令处死了不下100万人[2]。

近年来，由于中法战争结束，大批士兵被清政府遣返回乡，其中一部分保留了武器。由于没有得到足够的安置费，这些人自然形成了小型的匪帮和拦路打劫的团伙，导致广州及其周边地区鸡犬不宁。

广州在对外贸易中的得天独厚之处，是外国船商从最开始就把这座城市当作进入中国的起点。早在9世纪，阿拉伯商

---

[1] 即叶名琛。——译者注

[2] 原文如此，数据有误。——译者注

人就定期航行到这里。16世纪继之而来的是葡萄牙人。大约百年后荷兰人也加入进来。17世纪末，英国人赶超了他们，很快通过其东印度公司，开始了大规模的商品交易。此后由于和清政府时有冲突，两次开仗。1857年12月，英法联合舰队占领广州，直到1861年10月才撤出。广州至今仍然是中国南方贸易最重要的进出口港。广州最主要的贸易商品包括：对外出口的茶叶、生丝、丝绸刺绣、糖、席子、肉桂等；从外国进口的棉花、棉毛类商品、线、金属、鸦片等；从外省进口的大米、麦子、豌豆等豆类、生丝和丝绸类棉花等。

我们抵达沙面的第一天就去中国城参观地道的广州。大约早上9点，在和蔼可亲的主人及一位说着糟糕的广东英语的中国向导陪同下，我们登上了等候多时的轿子。后面18个脏兮兮的苦力喊着号子把我们抬起来，一行人在窄巷中穿行。

我们首先前往"西关"。这是一个工业化的、富人聚居的城区。广州一些较好的街道、大的庙宇（全广州有不下125座），还有整个广州的丝绸织造厂云集这里。夏天为了抵挡炎炎烈日，小巷里家家户户屋顶上一间挨一间铺着草编的席子。高大宽敞的商店整天对着巷子敞开大门，整幅画面让人情不自禁地想起欧洲的集市通道。这个城区维持得极整洁，街道差不多四五米宽，人流熙熙攘攘，我们的苦力用震耳欲聋的吆喝声努力为我们开道。狭窄的街道看起来简直是由人铺设的，水泄不通。他们要避到商店里才能让我们的轿子通过。要在这样狭窄的街道开车自然是不可能的，因此汽车在这座城市毫无用处，相反人力车大行其道。

现在让我们转回到参观街道和街上的商业活动吧。首先跃入眼帘的是鲜亮得刺眼的色彩。中国人的房子、商店装潢、店铺招牌、商店海报，喜欢用耀眼的色彩。主要以蓝色或者红色为底，用神奇的中国书法写上大大的金字。店铺招牌不像我们通常是水平地挂在店门上，而是垂直朝下悬挂，大多为8到10英尺长。这些招牌通常不是写着店主的名字，而是写着具有中国文化内涵的雅文，例如"万福临门""诚信不二""货真价实""童叟无欺"等。

在店铺前，还有很多特别小的摊位，原本就狭窄的街道自然就更窄了。我们见到有一个兑换钱币的摊位，有成百或者更多的铜钱串。铜钱是当时中国唯一的硬币，小小的，由黄铜或铜制成，价值1/4至1/3分尼①不等。摊主身边的小篮子里存有一些墨西哥银元，有整钱、有零钱，根据重量决定它们的流通币值。有意思的是钱商是这样熟练地检测交付给他兑换的银元的真伪：硬币捏在大拇指和食指之间，连续不断地向上弹起，发出的声音就是辨别真伪的可靠标志。一转眼钱商已经给银元盖了戳，以此保证其纯正。

几步开外我们遇到一位中国的剃头匠。剃头匠在中国是个大忙人，在街上随处可见，因为每位百姓的头是要剃的。他们经常在露天给客人剃头，所以随身带一张小凳和一个脸盆。我们还看到他熟练地使用又长又薄的刀片，像剃刀刮脸一样划过客人的脑壳。

街道对面这时传来可怕的猪叫，一些苦力正把猪运给隔壁的屠宰店兼饭馆。每两个苦力肩抬一个结实的圆筒形竹

---

① 分尼是德国金币。——译者注

剃头匠

笼，里面分上下两层，每层各装一头猪。一股可怕的气味从一些不太干净的小巷向我们袭来。这儿并排开了好几家低档的饭馆，还有一些屠宰店、鱼铺和蔬菜铺。有一家是烤肉店，其特色是卖狗肉和猫肉。整个饭馆只有一间比较大、充满了说不出的焦味的饭厅，要穿过厨房才能到达。厨房里用文火把切成小块的肉配着菱角和大蒜慢慢地在油里煎。为了吸引客人，狗肉就摆在毗邻的美食店出售的咸鸭蛋旁边，摆在各种形状的鱼干、蟹干、海蜇干和漂漂亮亮地串在小棍上的老鼠肉旁边。欧洲人的鼻子会觉得整条街弥漫的这股气味是无法形容的恶心。我们的朋友说，黎明时城市街道的气味比这还要难闻许多，因为那时缺乏下水道，放在房屋前的粪桶要凌晨才收取并排空。

　　穿过城里横七竖八的街巷，我们来到了想要参观的五百罗汉堂。它是广州最富有的寺庙之一。多年来有钱人捐献巨额款项和各种各样贵重礼品，希望得到该庙供奉的500尊菩萨中的某位笑纳和眷顾。我们参观完第一座供了三尊大佛的殿堂，在毗邻的亭子里惊叹乾隆皇帝赠的礼物——汉白玉的7层塔，再走进真正的大庙五百罗汉堂，或者说是佛的学生的殿堂。令我们吃惊的是，其中有600年前游历过这个国家的威尼斯人马可·波罗的镀金木像。他的著述曾震惊了欧洲人，使他们第一次得窥中国的伟大。他被作为佛的学生列入仙班。要不是他脚上欧洲式的穿戴，欧洲游客几乎无法将他从其他罗汉中分辨出来。每一尊像有独特稀奇的讲解。我们的导游用驳杂难懂的英文翻译出来，常常逗得我们大笑。在文人学者的神——孔子像的旁边，他说："如果小孩子不聪明，小孩来这儿，小孩在这儿祈祷，回去，成了聪明人，大头。"在膝上、胳膊上、头上、肩上放着很多孩子的观音送子菩萨旁，他说："如果妇人不生孩子，妇人来这儿，妇人祈祷，妇人回去，妇人得很多孩子。"庙的西边有一些房间用作饭厅和客厅，两边紧挨着的是在庙里侍奉的60—70位僧人住的房间。

　　这座庙旁有一座医生的保护神——药王庙。在那座庙里，僧人从一个大瓷花瓶里取出神水卖给病人。

　　接着我们前往城隍庙，或者更准确地说是多个城隍庙，因为那是由一排很多大殿、亭子和相邻的僧房构成的。①它是

---

　　① 从描述看，这应是当时广州的城隍庙。广州城隍庙在中山四路的忠佑大街，始建于明洪武三年（1370），是明清时期岭南地区最大、最雄伟的城隍庙。——译者注

城里人们光顾最多的地方，所以天井里有很多乞丐、算命先生、赌摊庄家、江湖郎中、流动食品商贩和其他类似之流落脚开业，嘈杂声震耳欲聋。我们费力地在脏兮兮的人群里为自己开出一条路，来到庙内的屋子里。我们不断见到一些中国的善男信女来此向菩萨占凶问吉。为求签人解签保障了僧人有可观的收入。和菩萨对话是借助所谓的命运签。香坛上的竹筒里放着很多签。占卜的香客使劲地摇晃竹筒，一些签就会跳出来，落在离求问者最近的签就是菩萨的回答。签上标有数字，支付少量的酬金后，在场的僧人就会在香坛上供的解签书里按这个数字查出签语，告诉求问的人。那签语经常是听起来玄妙深奥的天书一样的话语。

我们在庙里也遇到一些出身比较高贵的中国女性，她们的轿子停在院子里，下来的小姐和太太迈着三寸金莲，在女仆的帮助下吃力地向香坛迈去。她们跪在随身携带的小软垫上，反复地磕头并献祭，焚烧从僧人那里买来的纸做的金元宝和银元宝，烧香。

庙堂深处幽暗中用铁栅与公众隔开的神龛里供的是佛教地狱的图画，色彩刺眼。像我们在欧洲定期集市货摊的鬼屋里看到的那样，这种图画再现了佛教地狱给罪人的惩罚。有笞刑、木枷、锯、烤、油煎、烧红的钟罩、砍头，等等。我们再去楼上的房间，惊奇地发现这儿还有佛像，也同样有虔诚的香客焚香和烧纸。佛像有两个，镀了厚厚的金。大的那尊是位妇人，小的那尊是个男孩。此外还摆有一双高筒雨靴、一张床。根据僧人的解释，这些是菩萨的东西，只要他喜欢从仙界光临这座寺庙，这床可以供他在长途旅行后，在

他的妻子——那尊镀金的木像——旁边休息。他的儿子也会跟他相会。为了欢迎菩萨光临这座城，所以预备了大靴子给他使用。庙里大量的供奉也是为他预备的，只是暂时便宜了这帮僧人，因为供给菩萨的东西质量是最好的，而且天天换新。

　　我们回到轿子上被抬往庞大的考试院[①]。那真是一幢极其别致的建筑。每三年考生在这里应试一次。我们穿过不同的几道大门，如正气门和龙门，来到一条大街上，中间矗立着一座塔楼，塔内供有文曲星的像。我们两边有一排用来考试的小隔间房间。只要想一想这些开放式的、在空地上建造的小隔间的数目高达11616间，就可以让人对这个考场的巨大范围有个概念了。这些用石头和黏土建造的考试间，每间外形类似岗棚，深5 $\frac{1}{2}$英尺、宽3 $\frac{1}{2}$英尺。科考在第八个月的第八天开始，共三场。统一的试题在天明时发给所有考生，写好的答卷第二天早上收上来，然后考生才可以离开他们的考试间。他们必须在第二天返回接着下面的考试。直到大约有130名考生——据说是最好的——通过考试。他们被登记下来以备任用和提升，并获得以后赴京参加第三轮考试的资格。和中国所有官场一样，科考舞弊也是五花八门，不胜枚举。我们的导游这样描述科考的过程："聪明人在这间，笨人在那间。笨人对聪明人说，你帮我做考题，我付你5万元。聪明

---

　　① 即贡院。清代广州贡院位于现今文明路，是两广地区举行乡试的考场。始建于康熙二十三年（1684），后毁于战火。咸丰十一年（1861）由两广总督劳崇光重建。到同治六年（1867），整个贡院号舍已有11708间，规模宏大，是清末中国四大贡院之一。光绪三十一年（1905）废科举后，广州贡院改建为两广速成师范馆，即后来广东大学和中山大学前期校址所在地。——译者注

人说好的。笨人就给他5万元。聪明人去见警察。警察对笨人说，你也要付我5万元，不然我就把这事说出去。笨人给了警察5万元。笨人得了个九品官。"

有一份有趣的民俗史文献记载了这样一个关于科举考试的事例。1886年春，总督张之洞的儿子小张，要在北京参加会试。这位总督亲自给会试的主考官发了一张拜帖，恳求不要让他的儿子落第。这个年轻人相信自己一定能通过考试，就在"中国的巴黎"——即苏州——的半上流社会鬼混，又在上海逗留了一阵。他完全把考试忘记了，以致根本没到北京。通过考试的学生名字在考试结束时被当众宣读，小张也在其中，这时才发现他根本没来。主考官这时十分难堪，急中生智，反过来申斥这个年轻人。接下来的发展详情不知，但显然这个年轻人没有受到重责，因为下一次他又参加了考试。这一次他谨遵父命，到场赴考，并出色地通过了考试。没有任何人对此有丝毫怀疑。

在回沙面的路上，我们还参观了花塔①。该塔高9层，8面，大约170英尺高。接着我们还短暂地参观了附近的一间道观。道观和佛寺的建筑都很美。那里的神职人员希望外国人捐香火钱，因而对我们礼遇有加。不过不要指望他们有任何真正的宗教知识，或者对本教的经文有深入的理解。他们

---

① 位于六榕路，是广州最早的佛塔，始建于南朝梁大同三年（537），原名舍利塔。塔高57.6米，外观8角9层，内连暗层共17层。塔中各层内外壁佛龛供奉贤劫千佛像，故一名千佛塔。此塔朱栏碧瓦，丹柱粉墙，遥望如冲霄花柱；更兼旧日元宵、中秋佳节，居民常上塔悬挂花灯，绚丽异常，故清代开始称为花塔。——译者注

广州花塔

出家就和从事任何其他职业一样，仅仅是为了生计。我们发现，他们和其他阶层的人一样，也吸食鸦片，还有其他的恶习。道士是中国古代哲学家老聃的信徒。老聃大约生活在公元前500年。他毕生习"道"，就是"自然规律"或"世界法则"。老子学说的精髓是人之为，弊大于利，所以要顺其自然、返璞归真，并归于静。道士也相信死后有永恒，充满了荣光和喜悦；还相信有秘方，饮仙水可以长生不老。如今大多数中国人迷信这个。我们见那些道士通常头插发簪、身佩宝剑，用发簪驱除空中的邪魔，用宝剑向邪魔发威。他们主要靠施法术谋生，也就是在狭长的纸条上写符咒，再把纸烧成灰烬给病人喝了治病。他们还大量制作和出售驱凶辟邪的护身符。死人下葬时，人们会请很多道士到场安魂。道士可以结婚，但是他们的妻子必须生活在道观外面。佛家弟子则严禁结婚，和道士不同。佛家有很多戒律，好像不许吃肉，甚至不许吃鱼，即一切的活物不许吃。根据他们的戒律，佛家弟子必须禁除一切欲望，直到"他们鲜活的躯体变得如在墙壁上的石灰"。他们要做到无思、无欲、无情。达到这个境界就进入了永恒的静、永恒的空的境界。反之，谁要是还有情思，根据其生前表现，死后就会轮回投胎做动物或人。

　　大约下午1点，我们回到沙面。这已经是两小时以后了。吃了点心，我们再次登上轿子，进中国城。穿行在狭窄的长巷里，我们自己好像还是找不到路径。我们先参观了五仙观，那里有一口据说重达1万磅的铜钟。①1857年广州被围期间，一颗流弹打中大钟，发出了巨响，后来这口钟一响就意味着城里有祸事发生。之后我们参观了广州3座供奉孔子的庙中最大的一座②。这座庙和我们到目前为止参观过的神庙都很不一样。虽然来庙里参拜的人不过是想实现世俗的愿望，孔庙还是要给他们树立一个最高道德的典范。全中国的人视孔子为道德完美的楷模。这里设立的纪念牌位就是要激励人

① 五仙观位于广州市惠福西路，建于明洪武十年（1377），是一座祭祀五仙的谷神庙。五仙观后有岭南第一楼，明洪武七年（1374）建造。建成后的第四年，还铸成一口大钟，悬挂在楼上。大钟高3米多，口径2米多，厚3寸，重5吨，是广东最大的铜钟。这口大钟撞击起来，声音很响，是作为遇火警等非常事故时召人救火用的，无事禁止撞击；又有此钟敲响，城中便瘟疫大作之说，故名"禁钟"。该楼也被称为禁钟楼。——译者注

② 位于广州中山四路的农讲所旧址，人称番禺学宫，又叫孔庙、文庙，是建于明洪武三年（1370）的古建筑群。1926年，毛泽东把学宫变成了革命的摇篮，办起了农民运动讲习所。——译者注

们向这位至圣看齐。在这里，孔子没有被当作神来敬拜，既不向他祈祷，也不呼求他的调停或帮助，并且严禁在庙内供他的塑像，只设立牌位供人敬拜。孔庙中常见的仪式和帝王庙里的是一样的。在孔庙里，中国人的至圣不是作为帝王，而是作为皇帝的老师来敬拜的。根据他们的观念，孔子配享最高的尊敬，因为他不但提倡普及教育，教人以仁，还确立政治和社会法度。"不可一日无法，"中国人说："儒教带来的好处无所不在。他对人的影响如同天地对世界的影响一般。"根据中国法律，每个县、乡、区、镇都要建一座庙献给孔夫子。该庙的建筑形式有特别规定。它们保持县级庙宇的风格。在完善堂里陈列大圣人的纪念碑，其两边是他的四位朋友的碑，其中有经典《大学》和《中庸》的作者。在大殿的东西两边有十二智者的牌位，其中除了朱熹生活在孔子之后1500年，其他人是他的学生。①我们踏上大堂前面所谓的月台，就是一个石头的平台，在庭院两边的两个狭长的厅堂里，看到陈列着先贤的名字和纪念碑，共79人，其中大多是孔子的学生。我们还发现了两排纪念过去的礼仪老师的碑，他们共65人。这样总共有161名贤人，至少一年两次会受到崇

---

① 据描述，应是大成殿，一般正中供奉孔子的牌位，左右墙供奉四配（复圣颜子、宗圣曾子、述圣子思、亚圣孟子）与十二哲[闵损（子骞）、冉雍（仲弓）、端木赐（子贡）、仲由（子路）、卜商（子夏）、有若（子若）、冉耕（伯牛）、宰予（子我）、冉求（子有）、言偃（子游）、颛孙师（子张）、朱熹（元晦）]的牌位。——译者注

敬。据传教士花之安（Ernst Faber）博士[1]说，在全中国有大约2500座类似的孔庙。颁发"贤人"这样受尊敬的头衔是非常大的事，由朝廷主持。这161人中有很多只是在孔子跟前坐过，直接受到过他的教诲，并没什么其他的事功，但大家就假设他们对于儒学在中国的传播有贡献。

重新回到沙面，晚饭后小岛上半明半暗，田园般宁静。我们在傍晚清新的空气中稍微走了一会儿。隔水相望的中国城里这会儿正热闹着。烟花爆竹的噼啪声不绝于耳。肤色麦黄的中国孩子还在庆祝新旧交替的节日，尽管现在中国新年的头几个星期已经过去了。

中国阴历新年在新月位于宝瓶座旁边15度那天开始，即一月的下半个月。春节持续一到三周，在旧的一年结束前几天就已经开始了。在旧的一年过去之前，每个中国人忙着偿还债务，收回拖欠款项，在新年早晨破晓前结账。商人进行季节性削价销售，因此这时的店铺里非常繁忙热闹。家里同样也很忙碌。在旧的一年里装饰墙壁的圣贤语录被取下来，换上新的用漂亮的书法写在纸上或者丝绢上的条幅。桌子和椅子套上了红色有刺绣图案的罩子。祖先灵堂用小旗子和花装饰。家门口的柱子上写着吉语门联，门板上贴着两位门神的画像。这是中国的两员大将，在3000多年前曾为一位中

---

① 德国传教士，汉学家、植物学家。1865年代表礼贤会到香港，后在广东内地传教。1880年与礼贤会脱离关系，独立传教。1885年加入同善会，翌年赴上海。1898年德国占领青岛后，移居青岛。次年死于青岛。著有《儒教汇纂》《中国宗教导论》《中国妇女的地位》《从历史角度看中国》等书。被誉为"19世纪最高深的汉学家"。——译者注

国皇帝立下过赫赫功勋。这位皇帝因为梦到他的宫殿每天晚上受到恶魔骚扰而失眠，所以让两员忠心的勇将在大门口守卫。他们的守卫使这位皇帝重得长期缺乏的安眠。随着时间的推移，两名忠心的守卫被擢升为门神。家里穷得买不起画像的，至少也要在门上贴上写有他们名字的招贴。①

除夕之夜中国人要举行很多宗教仪式。他们要反复对着被燃亮的灯环绕的祖先灵坛磕头。家中的男丁要去一系列的庙宇求神拜佛，进贡饭菜和纸钱。庙宇因此灯火通明。高级官员和地方官等也去同样的庙宇，以所管辖的百姓之名举办礼拜，并燃放焰火。

大街上和庙里一样烟雾弥漫。到处可见居民拜完了门神后，蹲在门前放鞭炮驱走所有的恶神，并用锣和其他类似的乐器制造出很大的喧响。大家觉得彼此的耳朵都要震聋了。各家各户在爆竹的数量上和乐器伴奏的强度上争强好胜，于是，新年这天整个晚上和接下来两到三周的晚上，中国城的巷子里会持续不断地有噼里啪啦的喧响。新年这天和接下来几天，商店都不营业，大家互相拜年。朝廷官员在所谓的帝王庙②聚集，宣誓效忠皇帝。每个城市都有一座这样的庙，每

---

① 门神，一说是能捉鬼的神荼、郁垒，两位传说中的上古人物。这里描述的则是另一种说法，即唐太宗时的尉迟恭和秦琼。那么就不是3000年前的事。作者混为一谈了。——译者注

② 据描述，应该是曾矗立在广州旧城文明门外的万寿宫。万寿宫建于康熙五十二年（1713）正月。每逢正月初一和皇帝、皇后的寿诞，广州的文武官员要齐集万寿宫朝拜皇帝和皇后的牌位。在皇帝驾崩或皇后逝世之时，所有官员亦须在万寿宫内相应的牌位前泣拜哀悼。官员途经万寿宫，必须下马或下轿步行走过正门，以示对皇帝和皇后的尊敬。——译者注

个庙里安放着一个皇帝牌位，是模仿北京的龙椅建造的。像在所有中国道观和寺庙里一样，宝座上放了一个小牌位，上书："恭祝皇上万岁万岁万万岁！"聚集的官员对着皇帝牌位按规定的礼制叩头。接下来的几天，他们要一大早去庙里拜龙王、天王、风神、火神和城隍。

这天晚上又过了很久我们才得安静。短暂的间歇中，除了继续喧闹的爆竹声，还有夜间更夫敲打的锣声传来。中国城各街道的大门晚上9点就关闭了，百姓第二天早晨以前不可以离开家。出城要有特别通行证。街道更夫彻夜巡逻，从街道这头走到那头，胸前挂着一面锣，每隔两分钟就敲一下。要及时地告知窃贼守卫的到来，这无疑是最好的方法了。

第二天一早，我们再次坐上轿子出行。今天去参观庙宇之前，我们想去几家商店买点东西带回家乡。我们穿过几条长街。一条住满了制鞋匠，另一条只有硬币商，还有一条只有纸伞厂，家家看起来如出一辙。我们来到当时被欧洲人称为新大街的巷子。这条巷内有很多珍宝古玩店，大大吸引了我们的注意。在这里我们看到了最好的、最漂亮的和最光怪陆离的收藏品店铺，反映了这个独特民族在工业领域的勤奋和聪明。这里陈列的每一件艺术品的质地和造型和这个民族的传统和独特的眼光紧密相连。在这些珍宝古玩店徜徉本身就是一种高品格的享受。巨型瓷花瓶、扇子和工艺花卉令我们惊叹不已。我们还见到奇特的铜像，各式各样的象牙雕刻和竹雕，还有米雕、皂石雕刻和玉石雕像。中国人对这些东西开价很高。环墙站立着雕刻精美的小壁柜、独特的桌椅、珍贵的丝绸刺绣，却很廉价地呈现在我们面前。我们到处受到

最热情的接待，并让我们看看他们的仓库库存。

　　一走进各家店铺，首先映入眼帘的是用红纸黑字写的欢迎客人的吉言。比如有一句经常被贴在门楣上的话是："乘兴而来，尽兴而去。"钱柜上写着："日进斗金，财源滚滚。"存放着小秤盘的玻璃柜上写着"童叟无欺"。

　　我们在大多数店的进门处见到供财神的香坛，店堂深处则供着店主祖先的漂亮镀金木刻祭坛。一家店主衣着简洁但很讲究，友好地邀请我们走近观看，同时奉上一些茶点供我们享用。为每一位顾客奉茶已经是中国人的一种习俗。经常光顾的老顾客还必须预备好了茶恭候着。他们奉茶用的是一种特制的茶壶，用厚厚一层棉花和织物裹住，并常用西班牙式藤状植物制成的小巧的编织品包上。这样沏的茶可以长时间保温。一声声友好的"请，请"是中国式的招呼，欢迎我们进店。离店时也有同样的招呼。中国商人是和蔼可亲的典范，尽其所能给我们做参谋、提建议，并像所有东方人一样不辞辛劳、不计时间。

　　在山村街，我们参观了一些丝织厂。丝织业得以让上千人挣面包，或者准确地说是挣大米。我们经过一座楼，它高高地超越了这条街上其他的房子。吸引我们注意的不仅是它的建筑规模宏大，还因为它的戒备森严。它名叫大东（Tai—tong），是广州众多当铺之一。①它颇具特色的建筑使我们在船上时就已经注意到了。大东是砖砌并用花岗岩装饰的房

---

　　① 广州中山四路1号的建筑是清代典当楼，因位于大东门路段，俗称为"大东门当铺"。——译者注

子，是在中国见到的仅次于塔的最高建筑，高度是寻常人家房屋的一两倍。下层没有窗户，上层有铁制的百叶窗。通往楼房底层的入口有很结实的栅栏。白天栅栏从两根大柱中间打开，但由一根横档对角挡住。拜访者一进门，入口即被这根横档挡住。因为店主总有一批武装很好的警卫保卫，所以不太担心被少量准许入内的人袭击。

世界上没有任何国家像中国这样当铺众多，尤其兴旺的是典当金子。中国当铺历史悠久，但细节并不清楚。一般认为它的出现归功于监狱的存在，似乎也有道理。走投无路的囚犯要用钱打点上下，只好抵押他们微薄的所有。这种做法可能通过监狱看守传到了其他圈子。想借钱或者需要金子的，就来找监狱看守，或者把东西抵押给收抵押品的在押犯人。

我们的当铺通常只开在偏僻的街道上。与此相反，中国的当铺多开在城里最繁华的街道上。对此的解释是，中国人把典当流动财产看成是一种生意，所以没必要避人耳目。典当流动财产对主人来说，就跟典当毛皮和冬衣一样，开春的时候拿去当铺，在那里保留到入冬再赎回来，不是什么事。今天的当铺分为两类。一类是官方许可的，当物可以保留16个月之久；另一类没有法律许可，在收当时确定当期不超过3个月。第一类就是大东那种，被视为最大的一级当铺，享受官府的特殊支持。他们大多是合资经营的，拥有者是当地最富有的商人。开张时，省财务长官颁发一种票据，相当于执照，要求缴纳一定税金。此外想要获得执照的中国人还必须提交拥有足够资产的担保，以防万一。第二类当铺政府不予承认，其存在是违法的。但是当局睁只眼闭只眼，所以每座

城市有很多这样的当铺。穷人非常喜欢第二类当铺，因为借款比持照的当铺容易。只是假如被骗，任何一方不能告官，因为官府是不会接审无照当铺的案子的。

我们现在去参观长寿寺①。该寺建于1573年，在一座7层的镀金塔里有不下79幅佛的画像。之后我们移步前往臭名昭著的广州监狱。

法典、法庭和刑罚如几千年之前的中国一样仍然残酷。虽然文明的中国拥有一个法典大全《大清律例》，但是它和最古老的旧法典也只有很少不同，而且一些微不足道的改动还是到了满族人入主中原后近400年才引入的。从本质上来说，这部法典纯粹是中国的，它不仅规定了最野蛮的惩罚，甚至授权允许法庭刑讯逼供。当有人被指控重罪时，调查中经常动用刑具。甚至经常是认了罪都不能避免受刑，因为可能逼供出其他同谋和其他可能的罪行。这些刑讯极其残忍，可以和西班牙中世纪天主教审判异端的宗教法庭相比。他们先是用竹板打可怜的犯人的背，用厚厚的做鞋底用的皮革掌嘴——这种体罚会使嘴唇流血，牙齿松动，造成的肿胀经常令犯人好多天不能吃饭、不能说话。如果这种刑讯没有结果，他们就用坚硬的木板打犯人的脚踝，用木枷夹其手指和脚趾，在赤裸的手臂和腿上缠上灌满烫水的铜蛇，还有一系列类似的无穷多样的其他刑具。如果一次用刑没有逼出口

---

① 长寿寺为广州原有五大丛林之一，前身是长寿庵，明万历三十四年（1606）广东巡按御史沈正隆建，在今天的荔湾区长寿东路，占地面积8亩。光绪三十一年（1905）四月，被两广总督岑春煊充官拍卖，建为民居、戏院。——译者注

供，或者被指控的犯人精疲力竭晕厥了，那就等他恢复过来再拉去受刑。不仅是那些疑犯会被用刑，就连和被指控的在逃犯有连带关系的亲戚也会被逮捕关押，接受最严厉的审讯，甚至用刑，希望他们挨不住疼痛，会供出罪犯所在。惨无人道地对父母用刑，逼迫他们出卖自己的孩子，其折磨难以形容，其结果可能是丧命。这在我们的文明中是难以置信的。证明有罪之前和定罪之后的关押境况都很痛苦。

中国的监狱不是欧洲式的防暴监狱。广州的监狱建筑不过是低矮的四边形的砖屋，用低矮的周边建筑围成一个院子。但是犯人也不可能轻易逃脱，因为必须通过监狱院子周围警备森严的巷子。我们和一个眼窝深陷、面部深刻着可怕的受鸦片烟瘾之害痕迹的门卫短暂地协商后，答应给他所期望的小费，就被放进去了。通过一条有遮蔽的巷子，我们来到一扇铁皮门前。这扇门把我们引到坐落在后院的一个房间，类似于马棚，是关押小偷的又小又暗的牢房。5个相貌粗野的家伙，脖子上戴着沉重的四边形木枷，蹲在幽暗牢房的地上或者蜷缩在角落里。沉重的方形木板让他们一刻不得安宁，不能躺下，甚至不能自己吃喝，而需要朋友帮助喂食，因为他们的双手不能逾越脖子上宽宽的木枷够到嘴边。如果没有钱，或者没有朋友亲戚关心起居，他们就很可能在狱中痛苦地挨饿。他们要睡觉，唯一的可能是用手和脚在坚硬的土质地面上刨一个洞，蜷缩到洞里，这样脖子上的木枷可以架在洞口上面。戴这种木枷跟其他的枷锁相比，还只是一种小小的惩戒。比如框式枷锁是要把犯人的头、一只手和一只脚夹在一起，让所有体重都集中在另一只脚上。

院子里有各式各样戴着沉重镣铐的犯人拖着脚走来走去。我们一出现，他们就聚拢来迫切地恳求施舍。从相貌判断，他们当中没有人是被无罪关押的。可能是生活在这种污浊的空气里，整天和不同类型的罪犯待在一块儿，他们的形象更加丑恶。我们继续往前溜达到关押死刑犯的牢房。一踏进那间屋子，我们就吓得想退出来。一股可怕的气息扑面而来，有10—12名相貌凶恶、原本一直呆滞地蹲在地上的犯人，也向我们靠拢过来。他们的一只手和一只脚被一条沉重的铁链锁住，上面挂着大石头。他们蓬头垢面，长发过眼，遮体的衣服又脏又皱。我们感觉好像不是在人类当中，而是陷在张牙舞爪的野兽群中。害怕和同情在我们心中挣扎。犯人被锁着，眼神中流露着饥饿和痛苦，戴着镣铐的胳膊向我们伸来，激起了我们的同情。但是有个非常粗野的汉子，挡住出口，胁迫我们施舍。为了逃离这个充满恶欲和恐怖的地方，我们往屋里扔了一把钱，趁着犯人急迫抢钱，把挡住出口的家伙推到一边，终于得以自由，重新回到院子里。我们舒了口气，给了看门人小费，重新坐上了轿子，但是参观给我们的神经造成的紧张还没有消失。附近就有法场。我们走过一条狭窄的巷子，右翼是住家和卖锅的店铺，左翼是一道长长的砖墙。这条巷子伸展到一个开阔的地方，大约长75英尺，宽25英尺，就是执行处决的法场了。庆幸的是它今天很和平——春节期间中国不处决犯人。地上有一些干了的人头和一大块血红的木板，让我们记得它悲哀的含义。在一座小泥屋前，我们见到一个壮实的中国刽子手。他和我们的导游简短地交谈了一会儿，走进小屋消失了片刻，很快手里拿着斧头返回来，舞动着递到我们眼前，让我们买他的斧头做纪念。我们拒绝了。

接下来我们去一家受欧洲影响，特别是通过教会医院的福利工作启动的中国医院，称为医药堂。它在一天中某些时段允许病人免费看病和拿药。在场的中国医生似乎对我们去参观感到非常自豪，表现得十分热情。当我允许他们戴一会儿引起了他们高度赞叹的欧式夹鼻眼镜之后，他们开始没完没了地表示感谢和致敬。我们则只有友好的表情和重复说客

贴戏院招贴

气话。

在回沙面的路上，一个蹲在路边要求施舍的麻风病人令我们看了心里很难过。中国南方各省经常发生这种可怕的疾病，广州附近的一个收容所约有500名这种不幸的患者。但是到目前为止，收容所的能力远不足以收容广东省的所有患者。因此，珠江上还设有小船来接收这种病人。广州收容所的病人用椰子纤维制作一些工艺品，在广州市场上出售。收容所最可怕的病人每天去墓地，等待送葬队伍，向抬尸体的人勒索金钱。在广州，根据格雷斯的报告，在埋葬时不可避免会有麻风病人出现，所以在埋葬费用里特地预算了一些费用给他们。

中国法律禁止这些病人和健康人有任何直接交往，命令他们去收容所。如果患病地区没有这种收容所，那么他们会被指派到河流的船只上，或者去偏远地区兴建的芦苇小屋。不幸的是，没有法律禁止这些不幸的患者婚配，由此而生出了一代代麻风病人。

下午我们再次访问了中国城。这次我们的路线横穿整个本地人居住区（chinesische）和半个八旗驻防营（tatarische），直到城市另一边的城墙脚下，轿夫才把我们放下。环绕广州的城墙大约6英里长，高25英尺，宽15到25英尺不等。像所有中国城墙一样，它两面由砖石砌成，中间填上泥土。我们登上城墙漫步，数匹小马和几个满族士兵就是我们遇到的唯一活物。作为一个军事国家的臣民，我们当然会对大炮有极大的兴趣。它们从城墙往下俯视，虎视眈眈。这些大炮内外都是厚厚的锈，似乎永远不可能再由它们发射出炮弹来。

根据炮管上刻的文字，它们是荷兰制造的。中国军队近年来大量从欧洲进口军火，克虏伯和阿姆斯特朗公司有望接到新的、更大的军火合同。关于中方所拥有的武器，我的一位在埃森的克虏伯军火公司的代表告诉过我下面的有趣故事。这位朋友驻扎在中国，曾把一些克虏伯的军火从九龙运往台湾，用于组建军队。相当长一段时间他无法从有关官吏处收取未结余额。他最终转向直隶总督李鸿章请求调解。过了一段时间收到消息说，台湾将领声称提交的这些大炮不能开火。针对这个可笑的说法，我的朋友愿意亲自为将军大人发射大炮，并为此乘坐下一班轮船前往台湾。他在九龙受到非常礼貌的接待，相当最高司令官的礼遇。在为他举办的一个盛大宴会上，他最后请求，允许他现在当着聚集一堂的官员试一下炮。他们的答复是，大家相信大炮是能发射的，愿意清偿余款，试炮就不必啦。谁都不愿把自己宝贵的生命当儿戏。他解释说，因为受到了怀疑和指责，所以绝对有必要试一试。最后终于获得让步，大队军方人士一起前往射击场，从那里向封锁的海湾上设好的靶子发射。我的朋友给一门大炮装上炮弹准备发射时，突然发现空旷的射击场上只有自己孤零零一个人，所有随行的军方人士——将军、副官和其他军官都小心地退到了防御工事的沙袋后面。

在城墙上走了大约20分钟，我们来到五层楼①。在它的顶

---

① 即镇海楼，始建于明朝洪武十三年（1380），楼高25米，宽31米，深16米，是广州著名的古建筑。楼分五层，逐层收减，似塔又似楼，俗称五层楼。——译者注

层我们享受着眺望全城、河流和背景处绵延的白云山的壮观景象。我们在楼上看到一些崭新的神像，像前通常有燃烧的香和渐渐熄灭的纸钱。我们在这儿坐下休息了半个小时，僧人用茶水和甜点招待我们。他们很高兴为此收到一些小费。之后我们就踏上了归途。在穿过城市的途中，我们参观了一家臭名昭著的大烟馆。肮脏的壁龛式的房间里，面貌颓废、脏兮兮的家伙伸展四肢躺着，沉醉在这种有毒的麻醉剂的享受之中。他们的脑袋枕着软垫，从一盏小灯的火苗上方，用鸦片烟枪吸食让人飘飘欲仙的毒烟。大部分在这儿休息的人似乎已经完全迷离在周遭环境之外，可能已经沉浸在吸食这种麻醉剂而带来的极乐梦境中，似乎完全没有注意到我们的存在。肮脏的房间里没有一丝明亮的日光，只有昏暗油灯的微弱照明，充满恶心的臭气，令人厌憎。在不情愿的"请、请"声中，我们急匆匆地离开了这个罪恶之穴。

返回沙面，我们看到河面上有很多花船穿梭往来。整个下午它们都装饰着新的花环，现在正划回码头附近的泊地。我无法写尽广州的各个方面，最后想再对这个南方城市的特色——广州花船写几笔。在欧洲有很多关于它们的传言，让人对花船形成了完全错误的联想。花船不过是一种特殊的水上饭店，很像在本那文开始提到的水上游动旅店，抛锚在特定的泊地，就像街道一样紧挨着排列。它们里面大多有一到两个装潢漂亮的大厅，雕梁画栋，金碧辉煌。晚上这些花船用晶莹剔透的枝形烛台和彩色的灯笼照亮得如同节日一般，并用花环装饰，外观看起来真是漂亮。浓妆艳抹、穿着鲜亮彩衣的美女不时会短暂地在这个或者那个客人的怀里坐一下，为客人斟酒。客人也会让她们吃一些点心，喝一小杯酒。除此之外，整个宴会规规矩矩，以无害的方式愉悦。欧洲对此的有些传言纯属虚构。

香港总督卜力：
西方人对中国存有误解

于 1900 前后

亨利·阿瑟·布莱克（Henry Arthur Blake，中文名卜力，1840—1918）是英国政治人物。1886年任拉丁美洲国家总督，1887年调任加拿大纽芬兰总督，同年被敕封爵士。1889年，布莱克结束其纽芬兰的任期，转任牙买加总督。1898至1903年，他被调任驻香港总督，在此期间走访了中国许多地方，特别是对南方诸省份做了比较周密的考察。他在任期间对香港的建设和发展起过一些积极作用。香港还遗留着两个以他命名的地方，即卜公花园（Blake Garden）和卜公码头（Blake Pier）。另外，他对植物深感兴趣，是伦敦皇家植物学会的名誉会员。香港的著名的洋紫荆（Bauhinia Blakeana）的拉丁文学名中的加词"Blakeana"，就是为了纪念热爱研究植物的香港总督卜力夫妇。

1909年，他出版了《中国》（China）一书（余静娴中译本名为《港督话神州》）。这本堪称是19至20世纪之交中国社会、经济、政治真实写照的书，把近代中国及其文化介绍给了西方世界。他以一个西方人特有的猎奇眼光及注重事实的思维定式，对中国的地理、历史、政治结构、社会治理、农业劳动、民族宗教、名胜古迹、风土人情，进行了细腻的描述，使读者仿佛亲历其境，如闻其声，如见其人。本书犹如一面镜子，向来人展示了中华文明发展的轨迹。描写的一些史实虽然会令今天的中国人，尤其是年轻人感到陌生，或恍若隔世，或匪夷所思，然而却是百年前古老中国的真实风貌。

20世纪初的中国刚经历了庚子事变，清朝的统治摇摇欲坠，社会处于大变革的前夜。布莱克以个人的了解，对中国的前途抱有积极的希望。他指出，古老中国的胸怀中也潜藏着进步的种子。摧残进步之花的两座大山是无知和偏见。推倒这两座大山，摆脱传统观念的重压，中国就能平等地屹立于世界之林。不过他也反对全盘西化，主张抛弃传统观念的糟粕而汲取其养分，并予以升华。他还认为西方人对中国存有误解，以为中国是一个未开化、不诚实、充满尔虞我诈、有过多原罪的国家。其实中国人民是勤劳的，有一项竞争中国人是永远不会参与的，那就是比谁更懈怠和懒惰。中国的每一位国民都在竭尽全力地工作，这个国家充满着巨大的活力。他相信中国将要进入世界市场去争取她应得的份额。凭借其强大的商贸实力和巨大的生产力，一定能够在很大程度上满足自身的需求，而且会扩展到遥远的国际市场。事到如今，事实已经证明，此公的眼光还是不错的。

下面摘编的是该书中有关广州的文字。他勾勒出的一幅幅生动的广州社会生活图景，在广州历史画卷的长廊中留下了弥足珍贵的片断。本书中的插图为曼培斯（Mortimer

卜力

曼培斯

Menpes，1855—1938）所作，他是澳大利亚英籍画家，以人物肖像和民俗风景画著称。他曾经在英国伦敦的皇家艺术学院学习过，毕业后成为专门为出版社画插图的画家。他成名之后也曾编著过一些文化艺术丛书，其中最出名的就是曼培斯—科朗文化系列。他为这套丛书的每一部画了插图，其中有不少是彩色的。他曾在中国、日本等东亚地区旅游与居住过一段时间，他的插图是他自己的见闻经历，跟布莱克的文字配合，相得益彰。

广州的会馆和官员

广州因其巨大的人口数量和紧张的生活节奏，成为令外国人印象最为深刻的中国城市。

沙面是外国租界地，位于珠江河畔，靠陆地的一边为运河所环绕，要出入租界唯一的通道是两座桥梁，由卫兵严密地把守着。租界里的一切呈现出纯粹的西方风格——西式的建筑，西式的草坪，西式的竞技游艺；各国的旗帜飘扬在其领事馆的上空；要不是到处还能看到中国货，人们从行驶着的形形色色船只、光怪陆离的河面上收回视线时，也许会觉得恍惚置身于欧洲富裕的市郊住宅区。然而一旦跨过桥，穿过一排排紧挨着的商店——这里曾经是欧洲的商行——欧洲的痕迹就全无踪影了。

人们穿过城墙，就会看到持续了好几个世纪的中国城市的景象。街道宽6至10英尺不等，路面上铺设着花岗岩石板，显得呆板乏味。在这些狭窄的街道上，熙熙攘攘的、穿着蓝色长衫的中国人正在忙着做生意，只有当外国人走进商店购物时，才会吸引一批好奇的人上前围观。尽管街道已很狭窄，但每家店铺外面仍然挂着色彩鲜艳的招牌，有的招牌上的字还镀着金，这一切使街道显得更加狭窄。这些招牌通常有10至12英尺长，每种生意的招牌有特定的颜色和形状。这些招牌具有的美感、正在营业商店的五光十色、几乎在每

家店门口悬挂着的明亮灯笼，产生了良好的效果，传递出一种富足与艺术的气氛。早上，每家商店会卸去门板，开始营业。由于没有橱窗，货物一般摆在相邻的柜台上供出售，因而给人的感觉就像是正在穿过一个门类齐全的巨大市场。你会在一家商店，说得更确切些是一排商店里，看到最昂贵的丝绸以及其他纺织品，因为每一类特定的商品在街上占有特定的位置。这样，你在街道的一头刚经过一系列出售最精致、最漂亮货品的商店后，很可能马上就会进入一排排的肉铺和鱼摊。这种急剧的转变刺激着你的每个感官神经，破坏了你舒适的感受。

在一些商店可以看到工匠正在制作广州由此闻名的精美的扇子；在另一些商店，鞋匠或制帽工人正在辛勤地进行着较为简单的劳动；裁缝、织袜工、木匠、铁匠个个埋头苦干；而在有些地方，也许能看到羽饰制作工匠正对着一粒珠宝或铜质、银质饰品沉思默想，或把含有翠鸟鲜亮蓝翎的、样式精美的饰品粘贴到衣帽上去。这项工作非常精细，只有成年男子和男孩才干得了；这项工作又极其费眼力，以至于工人的视力只能对付工此作约两年时间。

街角处往往有茶馆，整个店面从地面到天花板有精美的雕刻，因漆成金黄色而闪闪发亮。象牙制品店也在营业，店堂里还陈列着翡翠与瓷器。许多街道上有显眼的鸟店，店堂里挂着的鸟笼里有各种歌声婉转或色彩斑斓的小鸟，令中国人非常喜爱。有钱的士大夫有时会花很多钱，去置办象牙质地的鸟笼以饲养心爱的小鸟。在街道的某些地段较少看得到鸟店，因为这种热闹的商店一般不会开在支路上，支路上主

要是经营日常的生意，如肉铺、鱼摊、水果和蔬菜店等。这些特定区域散发的异味，对于欧洲人来说简直糟透了，但对气味的好恶也取决于个人和民族的特性。我们中有些人喜欢麝香的味道，但另一些人觉得它是极其讨厌的。

尽管街道很窄，有轮子的车不能通行，但街上的噪音仍然很大，因为背着大筐货物（可能是蔬菜）的苦力气喘吁吁地大声吆喝着路人闪开，此时所有的人要为他们让路。偶尔还有官吏在随从的陪同下骑马或坐着官轿从这里经过。令人惊讶的是，人人会敏捷地闪开给他让道。不难看出，当地人对这种近乎霸道的权力已表示认可，而这种权力始终显示了在一个所谓的民主社会中官员的身份。外地人第一次路经这些狭窄而拥挤的街道时，总会产生一种畏惧感，像是进入了人山人海的迷宫。如果人群中发生不友好的举动，当事人就没有任何逃脱的希望。然而，拥挤的街道并未使人们丧失对广州的兴趣：街上没有推推搡搡的现象；令人称奇的是，尽管抬轿子的人几乎占据了半个路面的宽度，但抬轿人从来不会撞倒任何行人。

广州还有各种据说是令人乏味的庙宇；有走了近六个世纪的水钟；有铸

币厂，政府不时地在发行硬币，但有些硬币的成色却难以确定；还有陵园，如果家中有人去世，风水先生为死者在陵园找到吉祥的墓地后，就可用一个适当的价格得到这块墓地。陵园中有些墓地保持得非常干净，墓前还会有一张供桌，桌上供放着亡者的烟斗，旁边还有一个纸人，可把烟斗递给亡者。如果有必要，供桌上还有死者生前最喜欢的酒和菜肴，散发的香气足以招魂。

广州的会馆装修得非常漂亮。这些会馆是各省商人在广州的俱乐部，或者是当地不同行业成员的同业公会。甚至乞丐有自己的会馆，在这里，从事这种古老而又受尊重的职业的新手可以得到收容，付一笔入会费之后，就可以在当地行乞。每一个获准的乞丐带有一个标记，表明他有权利进商店去乞讨。

1900年，驻南京的两江总督刘坤一从北京回来，官吏们带着各色的随行人员到场列队迎接，其中就有乞丐帮的头领。他身着与其级别相应的合体而华丽的礼服，在队伍中与那些有随从和卫兵前呼后拥的官员，有着同样显眼的位置。乞丐帮的头领是坐在他的官轿中被抬进来的，簇拥在他周围的随从乞丐在人群中最为显眼，他们的穿着五花八门，是平日里行乞时的破衣烂衫。倘若他们拿起武器，也许就可以胜过福斯塔夫①的褴褛兵团。每家商店每天至少会被这些乞丐帮成员光顾一次，而且不论是按照法律还是习俗，店主要多少

---

① 莎士比亚笔下脍炙人口的喜剧人物，外形肥胖，生性贪婪，喜发豪言。——译者注

施舍一点。这种做法也许是一种非官方的救济方式，如果人们知道了其中的运行原理，就会发现这也许是一种令人满意的解决困难的办法，而这种困难也正困扰着英国焦虑的社会工作者。

如果店主拒绝这种惯常的施舍，就会有一个患有恶疾、令人讨厌的乞丐坐在他的店堂门口，一直待到店主捐出一定量的东西、给足乞丐帮面子为止。没有严厉的警察会过来将这个乞丐赶走。我曾经见到过一幕最悲惨的场景：在新租界地九龙的一块很深的沼泽中间，有一小块干地，那里住着一群麻风病人。他们唯一的出入通道是一条狭窄的小路，它凸出在沼泽地上，且高低不平。麻风病人在那里用木箱和纸箱碎片搭起了一个个简陋的小棚，雨水可以很轻易地打进来。每天早上，这群可怜的人就会缓慢而费力地走到附近的村子里，善良的村民会把米饭放在自家的门口供他们食用。我从来没有见到过比他们更可怜的群体了。我让人在附近的高地

上为他们搭建了几间适用的小屋，这样至少在洪水泛滥时他们的住所不会有被淹没的危险，他们也可以在小屋里躲避风雨。在广州还有一个正规的麻风病医院。

广州不能仅仅被看成一个零售业的城市，因为它还拥有很多重要的工厂，有些工厂占地面积非常大，那里有成百名雇工在从事各种各样的制造业。虽然广州的商业区很拥挤，甚至有人会感到纳闷，那里是否会发生火灾，从而使商店毁于一旦。然而，每家商店的屋顶上总会

放上几桶水，以备不时之需。

广州土地的价格很高，平均每平方英尺为14元，约合每英亩6万英镑。每当有国外的高层官员来礼节性访问总督时，广州狭窄的街道就会变得非常壮观。由于道路太窄，不能容纳两列士兵，因此，街道的一边是长长的军人队伍，每个连队打出一面横幅；而另一边则是人山人海的老百姓，他们挤在路旁的商店门前，静静地站着，观看着一长列的官轿从街道上通过。街道不仅被打扫过，而且还仔细地冲洗过，所以显得非常干净。每个街区的进出口站着12名男子，手中拿着长号，这种长号与弗拉·安杰里寇（Fra Angeliee）①画中的天使们在演奏赞美诗时吹奏的长号一模一样。然而这里的长号只能吹奏出两种音调，一种是高亢的，另一种则很低沉。总督衙门的庭院里安排了150名卫兵作专门的守卫，他们衣着华丽，手中拿着只有在古老的中国画中才能看到的那些武器——长柄柳叶刀和三叉戟等。另外还有30至40人站在那里，手中拿着20英尺长的杆子，上面挂着用紫、黄、蓝或红色的丝绸制成的、大约有12英尺见方的彩旗，煞是好看。总督衙门距离河边1英里以上，所以需要有大量的士兵守卫在街道的两旁。衙门周围是个大花园，里面的树木长得郁郁葱葱。另外一个景色优美的公园环抱着一幢高楼，这幢高楼以前曾被英国领事占用，但现在则由来自香港和海峡殖民地的军官候补生居住。他们在被派往那以前先来广东，用两年时

---

① 天主教多明我会在达菲耶索莱一个寺庙里的男修士，潜心于把圣经故事用湿壁画画在修道士小单间的泥灰墙上。——译者注

间学习汉语。

无论中国的大臣工作有多么紧张，他日常的生活即使说不上安宁，至少也是在安静的环境中度过的。这里没有街道交通的嘈杂声，没有汽车喇叭的嘟嘟声，没有公交车隆隆的轰鸣声，没有重型卡车地震般的震颤声。其原因一方面是街道过于狭窄，这些交通工具无法通过，而另一方面则是衙门的办公地点与带来噪音干扰的街道完全相隔离。然而，衙门内的公务却很少由官员单独处理，因为衙门内的"跑腿"（即人们所说的随从或信使）会穿梭于整个衙门，传递信息；而大臣在进行一些很重要的谈话时，又有传话的信使和其他的私人随员在场，一般人员不知情，更不用说好奇的外部人员了。这种做法杜绝了任何泄密的可能性。如果事情没有涉及外国人，一般不会有那么多爱打探的好事者，但是如果有人真想知道内情的话，则衙门内的事很少能瞒得过他们。

中国官员一般按照习俗规定的、根深蒂固的原则办事。无论他精力多么旺盛，他总是小心翼翼地行事，不会去做任何巨大的变动，也不会轻易偏离既定的轨道。一般来说，政府和官员的无所作为，不会在社会各阶层中引起大的动荡，无论这种做法是多么不得人心。中国人在这种情况下，唯一担心的就是朝廷派往各地的钦差大臣的举动，他们的工作就是通过检举揭发官员，甚至是重臣的渎职罪行以及拿回扣行为，向世人表明，中国与世界上其他民族一样，拥有一批无畏与独

立的官员，他们可敬的名字以歌和故事的形式流传至今。

　　中国严格的礼仪规矩，在人们处理各种公共事务中，保留了其严肃性。一个受过教育的中国人讲粗话或尖刻的话，不仅被看作是粗俗的行为，而且被认为是违反了基本的做人的规矩。中国人的书面语言极有可能引起不同的解释，因此，与外国签订的贸易条约和合同，其内容通常是用三种语言写成的：中文、法文和英文。而签约国通常约定，在解释条款时，另外的两种语言不能是中文，只有这样才能解释其真正的含义。这种做法并不必然意味

着中方有任何不诚实的图谋，而是因为数以万计的汉字中每一个字有着多种含义，其真正的字义有时只能通过上下文来理解，所以要理解条约、合同或新闻稿内容的精确含义就格外困难了。人们通常觉得唯有赫德（Robert Hart）爵士和柏卓安（J.Mcleavy Brown）爵士才真正掌握了中文的写作技巧，他们能保证用中文准确地表达出想要传递的意思。

中国大臣们的衙门，连同他们的官邸，所占的面积很大，因为所有的房子是平房。这种房子如果造得太高，会灾难性地破坏整个城市的风水，因而会遭到人们极度的怨恨。教堂高耸的尖塔就因此受到了人们一贯的敌视和日常的诅咒，但它本身负有一定的责任。中国人可以默认或忍受屈辱，但如果在这一问题上破坏俗例的话，他们就绝对不能默许这种占主导的外国影响力的存在，因为这种影响力向他们传递着一种邪恶的印象。衙门里通常有一系列的庭院，众多随从、公差的住房以及主政官员家眷的私人住宅就建造在庭院旁。每天工作之余，这位官员就会迎接朋友来访，悠闲地抽抽烟或下下中国象棋。与我们的国际象棋相比，这种游戏规则十分繁琐，走法也很复杂。有时工作之余，他就沉浸在抽吸鸦片之中，如同我们国家19世纪的酒徒嗜酒一样。已故的才干出众的两江总督刘坤一，曾经与邻省湖广总督张之洞联手，在与义和团的斗争中，保证了长江流域几个省份的安定，他被证实就是一个抽大烟的人。但有一件事刘坤一是从不为之的，那就是他从来不仓促行事。对于他来说，草率行事是有失体统的，因此他尽量避免这样做。他在官场的交往中会采用一些不会被我们英国法庭接受的方法，但是在中国，从皇上到穷苦的百姓，这些方法会被理解和接受。关于官员的腐败行为已经有很多文章进行论述了，就让这种事实存在吧，老百姓理解这种做法，政府也理解，而且并没有许多人反对。我们也要知道，官员的这种"不规范"行为不仅仅只是在中国存在。中国官吏的社会生活并不仅仅局限于衙门。他们很喜欢拜访朋友，并且会一边品着好茶，一边进行充满机智的谈话——真是天下无双的好茶！我们欧洲人是无法品味中国主人精心泡沏的极品茶叶的美味的！茶是主人亲自泡的，茶叶只能在刚煮沸的水中泡上四五分钟，然后茶水被倒入大小如甜酒杯的精美瓷质杯子中，不加牛奶或糖，直接抿尝。喝完茶以后，中国人会闻闻杯中留下的余香，真是沁人心脾。

中国贵妇的时尚

富人的居住区在城市的东部，有高高的围墙把它与大街分隔开来。进入这个区域之后，来访者要经过几处庭院和会客大厅，支撑大厅的花岗岩石柱雕刻得非常精美。中国绅士在装饰自己的房屋方面，既肯花钱，又有品位。出了庭院，人们便可步入花园。花园里总有一个池塘，里面长着各种水生花卉，如百合、莲花等，还有几群金鱼在水中嬉游。花园里还会有一座假山，山上有人造的古朴小径和洞穴。横跨在池塘之上的一座小桥，通向池塘中的小岛，岛上建有一处雅致的茶室。这种桥就像古代蓝色瓷盘上画的那样，往往是曲桥。在一幢闲置的大宅里，有一些精心打造的铁质手工艺品，呈草叶形、芦苇形和花瓣形。每件精品夹在窗户的两块玻璃板之间，真是巧夺天工。这些铁质手工艺精品大约是在450年前由一位艺术家制成，他的名字至今令人肃然起敬。有人曾开过大价钱购买这些工艺品，但是这位幸运的拥有者却把它们看得比金子还珍贵。

　　花舫是广州的另一大特色，几百条船泊在一起，形成了规则的水上大街。这些船只是餐馆，中国的富家公子经常在这里举办奢侈的宴会，互相宴请款待。做东的少爷总要为每一位客人安排四五个年轻女子，她们坐在客人的身后，给他们在欢宴中助兴。由于宴会延续的时间很长，要上很多道菜，因此并不要求每位客人一直在场，有时客人仅仅在上一两道菜时露露脸。席间轻歌曼舞，还可能有其他的娱乐方式，人们实在不便深入窥探。确实，中国仍然存在着公开认可、却又受到制约的习俗，但比起那些已经侵蚀到西方文化的内核、却又被忽视的腐败因素来说，其危害要小得多。

　　在小城镇里，官员的妻子和女儿的境遇自然要差一些，因为礼俗规定她们只能与其地位相当的人交往，这个圈子实在很小。而在大城市里，官员的妻子和女儿可以与富商的太太们交往，且从不缺乏交谈的话题；她们对公共事务怀有浓厚的兴趣，对时下发生的事情也具有不小的影响力。很多中国的贵妇人受过良好的教育，从不怯于对与自身利益有关的事情发表看法。就在不久以前，广州的妇女曾举行过一次公开集会，抗议当时一项不受欢迎的举措。传教活动在中国取得的一项成果就是用英语对中国不同阶层的大量女性实施教育，很多中国的贵妇人英语说得非常流利。当中国变法的领导人康有为离开北京、飞往香港避难时，他的女儿只会说母语。两年之后全家已定居在海峡殖民地，这位名媛前往美国深造，途经香港时已经会说一口流利的英语了。

　　使中国举国上下激动不安的变法运动，决不仅仅局限于男性。1900年，在上海举行了一次妇女大会，由布莱克夫人

出任主席，大会的议题是中国女性的
家庭生活。会议为期四天，期间与
会的欧洲和中国女性宣读了多篇论
文，内容涉及影响中国各阶层女性的
种种社会问题和习俗。会议涵盖了广
泛的课题：包括子女的抚养、儿媳
问题、娃娃亲、中国的奴婢、裹小
脚、婚俗、葬俗、社会风俗等。会议记录和收集了大量有关
中国各地女性的生活状况和习惯的第一手资料。以下是大会
主席在会议闭幕式上的发言：

　　在这次以"中国女性的家庭生活"为主题的会议
上，我们讨论了一些问题，对于这些问题的思考，现
在已经告一段落了。对专家惠赐的精彩论文和发言，
我相信大家都深感兴趣，这些论文和讨论的问题，包
含着从中国广阔幅地收集来的大量信息，其中很多信
息对于我们来说，无疑是全新的。遗憾的是经过更仔
细的观察，我发现很多中国女性，尤其是处在社会底
层的女性，其生活现状比我原先设想的还要差很多。
比如说，中国众多奴婢悲惨的命运，一定会引起所有
男人和女人的怜悯和同情。虽然有些人免遭苦难，但
他们对奴婢的命运并没有完全自私地置身度外，对人
类的苦难也不是麻木不仁。尽管我们看到了中国妇
女和女孩生活的大量阴暗面，但是我们切不可忘记，
阳光与阴暗是并存的，所以说很多中国女性的生活仍

有其光明的一面。会议上宣读的论文表明，中国不少贵妇人，并没有在欧洲的感化下，对那些需要帮助的穷街坊给予高尚的、落在实处的慈善施舍。欧洲人通常与中国下层社会的人发生纷争，我们中有些人就易于以中国下层社会的标准来看待其上流社会。我们住在天主教古老教堂围地或院子里的老居民，或者住在国内庄园主宅第里的人，又怎能喜欢外国人以我们社会的下层居民、无家可归的流浪者——他们往往在别的国度里给祖国抹黑——的标准来评判我们呢？我也不禁希望，正像习惯会成为第二天性一样——希望我们所习惯的东西不再那么可怕，即使这种习惯在本质

上仍很恶劣——那些让我们觉得生存是种受难，从而令我们感到可怕的事情，对于中国女性来说也可能并不那么可怕了。我欣然希望，即使是在缠足这样的事上，那些在裹小脚却出于自尊说没有感觉到疼痛的人，我真诚地希望她们的痛苦真的会有所缓解。毫无疑问，缠足对妇女身心有害，然而令人甚感欣慰的是，现在中国有许

多地区点燃了抵制缠脚的反抗火花。随着新思想日益渗透到这个帝国，我毫不怀疑，同其他国家的妇女一样，中国的女性也不愿受到不良时尚和习俗的奴役。我不禁在想，中国女性所忍受的大量的不幸与困苦，应由中国人自己去解决，局外人所能做的只不过是向她们提供根除弊端的手段。年复一年，受过教育和启蒙的中国贵妇人会日益增多，她们受过西方科学与思维模式的训练，同时又保留了自己特殊的个性特征，她们中的每一位将成为一个强大的辐射中心，把良好的影响带给她们的同胞。曾经有人送给我一朵花，它的背后有一个不寻常的故事。这位朋友告诉我，在希腊某地，人们发现了一座矿山。据推测，古希腊人曾经开采过这座矿山，因为那里有成堆的石块与废弃物。尽管古希腊人很有天赋，在某些方面甚至超过了现代人，但是他们并不了解科学给我们现代人带来的许多事物。在检测这些散落在各地的石块与废弃物

时，现代人发现了一种以前从未发现过的矿物质，只要经过提炼，这些废弃物就会成为潜在的财富。所以人们就把这些石头搬去熔炼，以提取有用的物质；不料石头下面的土壤中却长出了一种植物，开花期到了就开出成串的黄色小花，花匠从未见过这种花。人们认为，这种花的种子已经在石头下面的土壤中隐藏了几个世纪。这与古老中国的情况不是有些类似吗？在她的胸怀中潜藏着我们所说的进步的种子，但是这些种子却长期受到传统观念的重压而不能萌芽。尽管这些传统观念包含了值得提取的养分，但只有通过提炼，才能把有价值的东西保留下来，而且必须提升这些观念，才能使真实、纯洁与幸福之花开遍整个大地。而摧残进步之花的两座大山就是无知与偏见。我相信，刚刚召开的这次会议在推倒这两座大山的过程中，会起到一定的作用。

无论是以相对较为审慎的标准来选择妻子，还是按照东方人的习俗，因家族联姻的需要而指定年轻女子为妻，中国的女性必定能成为讨人喜欢的妻子与母亲。我曾在澳门见过一位可怜的妻子，她的丈夫在海上捕鱼时，残忍的大海夺去了他的生命。日复一日，她在海边恸哭，向大海挥动着丈夫的衣服，焚香祭拜，不停地呼唤丈夫归来，这真是悲惨的一幕。我还曾经看到过一个精神恍惚的妇女，在河边把自己生病孩子的衣服在飘曳的火苗上晃来晃去，祈祷她们崇拜的神明赶走带来疾病的恶魔。确实，在一般中国人的观念中，失去丈夫与失去家中唯一的儿子相比，前者带给家庭的痛苦要少一些，因为没有男性继承人，祭祀祖宗的仪式就不能以一个恰当的形式举行。中国人对迷信的恐惧是很明显的，然而他们也认为，赎罪行为和信仰宗教的美德可以减轻来世的痛苦。而且中国人在伺候死人方面也很讲究。曾经有一次，我在香港看见两个妇女神色庄重地扛着用冥纸和竹子做成的房子、桌子、椅子和马匹，她们把这些祭品抬到一块空地上，虔诚地烧掉。毫无疑问，这是为死去的丈夫进行的祭祀仪式，与斯堪的纳维亚为英雄们进行的葬礼源于相同的信念。在那里，英雄们用过的船只、战马和武器在他们死后一起埋在他们的遗体下，上面垒起一个个土墩。

　　小孩刚刚出世时，人们会用冥纸为他做一条小船，并拴上一束稻草，放进潮水里。如果小船漂走了，就说明孩子一切都会顺利；如果纸船又漂回到岸边，则说明屋子里阴气太

重，幸运之神没有降临。如果家中有人在海上失踪，人们就会制作类似的小船，船上坐着一个个小纸人，脚边放着代表金钱的正方形的锡箔折成的金银船锭，然后放到海上漂流。这样的纸船经常会在香港的港湾里见到，每一条纸船是极度悲伤和辛酸的象征，装载着那些因失去亲人而深感凄凉孤独的人们的绝望和焦虑，驶向人类潜意识中死后的冥冥世界。

这是中国人——尤其是较贫困阶层——生活中悲哀的一面。但是中国的贵妇人在积极参与社会交往的礼节性活动中，并不逊色于西方女性，尽管寻乐的方式有所不同。剧烈的体育运动并不吸引她们——对于东方人来说，我们引人注目的结实的肌肉一直是个揭不开的谜——但是她们之间的互访却是件平常的事。出门以前中国

的贵妇要修饰一番：涂脂抹粉，画眉毛，做头发，还要细心挑选绣花的礼服。她们就像"太阳王"①宫廷里的美女那样，全神贯注地打扮自己。在欧洲的男性看来，中国女性的服饰时尚似乎是一成不变的：刺绣精美的宽松上衣，长长的褶皱裙和肥大的裤子，呈深红色或明亮的黄色，或由各种颜色精心拼成。然而西方的女性在这方面更有品位些。中国服饰大致的款式是不会变的，因为在中国人的观念中，女性要显示自己窈窕的身段是不得体的。但是中国的服饰用品商也在不断地推出新款式的刺绣制品，就像法国的裁缝会不断改变礼服的样式一样，改变饰物的流行时尚。因此在大城市里，总是有大堆做工精美、却不合潮流的刺绣套装被扔掉，这与西方那些受时尚驱使的女性做法如出一辙。

拜访活动前的礼节是非常严格的，这种严格性在中国所有的社交活动中均有所体现。首先，拜访者会发出一张猩红

————————————

① 法国波旁王朝国王路易十四，自号太阳王。——译者注

色的要求拜访的卡片，3—4英寸宽，有时有1英尺长，卡片的大小与拜访者的社会身份成正比。然后，女主人会发一张回函，邀请拜访者去做客。届时女主人会穿上最漂亮的衣服，在第一、第二或第三道进口处等待来访者，而具体等在哪个门口，得取决于来访者的社会地位。进入房间后还会有一套复杂的礼仪。礼毕，宾主双方就开始聊天，其内容与世界上其他地区的女性喜欢谈论的相同：除了友好的寒暄之外，还有书籍、孩子、家里的厨子、社会事件，甚至当地的政治都会成为谈资。中国的社会风俗并没有给丑闻的传播提供条件，但谁又能说得准呢？连爱神丘比特在中国人眼中也是又机灵又捣蛋。聊天之余，宾主之间也玩游戏，中国的纸牌游戏和中国象棋同样复杂。

如果客人携带孩子一起来，那么年龄小的孩子通常会收到小礼物，这些细节从来不会被忽视。的确，在新年或其他节日赠送礼物是中国人不变的习俗。

英国画家利德尔:
画笔下的广州

于 1907 年

1907年，英国画家托马斯·霍奇森·利德尔（Thomas Hodgson Liddell，1860—1925）有一次中国之旅。他生于英国艾丁堡，并于当地皇家高中（Royal High School）学习绘画艺术，擅长油画和水彩风景，作品自1887年起就在伦敦著名的英国皇家艺术学会（Royal Society of British Artists）、皇家学院（Royal Academy）等场所展出。他是英国皇家艺术学会会员，一生主要生活在伦敦。要不是来过一趟中国，他也会和许多维多利亚时代的画家一样，从后人的记忆中消失。现有的少数正式传记资料主要记载的就是他1907年远游中国的绘画之旅，以及1909年作为此行的成果在英国艺术学会（Fine Art Society）所举办的画展和出版的一本书《帝国丽影》（*China: Its Marvel and Mystery*）。该书中译本由陆瑾、欧阳少春和李国庆合作完成，曾作为《亲历中国》丛书之一，于2005年在国家图书馆出版社出版。这本书记录了他在中国从香港到山海关旅行写生的经历，画面和文字里洋溢着他对中华山水的热爱和对中国文明的尊重。利德尔这个名字是按现在的惯例音译的。该书所附中国护照上他的名字是李德尔，音义共用，中英合璧；英文原著封面上则是李通和，完全中式，用意良好；内封上还有一方中式印章，是李岱洛，也是完全中式的，既谐音又紧扣他对中华山水的热爱，可谓妙语天成。想必他对这最后一个名字也是十分欣赏的，所以在描绘中国风景的水彩画上除英文签名外，也钤有这方印章。在中国，目前只看到北京大学沈弘编《晚清映像——西方人眼中的近代中国》（中国社会科学出版社，2005）一书提到有"英国画家李通和"这个人。

他来访的时候，大清帝国对外开放已有近60年了。这从他家跟中国的关系上也可以看出。他的哥哥黎德尔（Charles Oswald Liddell，1854—?）1890年前后来华，首先开办的平和洋行（Liddell Bros. & Co. Ltd）是英商上海"十大企业"之一，除做中英贸易外并有中国玻璃公司，后又有哈尔滨平和洋行（胶合板厂）、天津经营皮毛、棉花的平和洋行和武汉的分行等。抗日战争期间，他们家族有人被关进日本人的集中营。中华人民共和国成立后，他们家族的大陆产业于1953年交公，全家移居香港。据利德尔家族的后人说，利德尔无意参与家族的商业活动，更愿意做一个画家，似乎跟当年中国的士大夫心意相通。他自称是怀着艺术家的神圣使命来华，欲以写实手法描绘这个伟大国家的自然与人文风光画面，使欧洲人不仅对这个国家，而且对其文明及民众高雅的艺术品位，有更高的评价。事实也是如此。在鸦片战争之前，清廷是不许外国人游历内地的；五口通商之后的一段时

期内，禁令仍然有效。而利德尔不但游历了五口之外的许多地方，而且得到慈禧太后恩准进了颐和园作画。同时我们也应当感谢他严谨的写实主义，给我们留下最接近原貌的百年前的中国形象，提供了生动的抚今追昔的凭借，华洋通和的坐标。以下摘录的是该书有关广州及周边地区的文字和画作。

逛街杀价的技巧

　　去广州的路上，我很幸运有一位熟门熟路的香港朋友做伴。同船我还有幸结识了一位来自英国的海军司令官及其夫人。接待我的友人们也邀请了他们。这就是在东方常说的缘分吧。友人的住所为所有旅人敞开，我们受到的欢迎热烈真挚。同友人同住时，又有另一位男士和船上的水手来拜访他们。在领事女儿的陪同下，我们一起逛了许多店铺和景点。还经指点学了几手在东方讨价还价的本事。在我看来，讨价时先以叫价的1/3出价，逐渐让到约一半，然后佯装离开。老板生怕丢了顾客，常会跟到街上。

　　到达广州时是个大清早。天气晴朗，破晓时水面一片寂静。两岸土地肥沃，远处若隐若现的山峦呈浅珍珠色。珠江也许就是因此而得名的吧！渐渐地，我们能辨出岸边渔民简陋的棚屋。屋子建在立于水中的柱子上。这些人不久前一定还是海盗，若有机会，怕是还会操起这个行当。

　　逐渐靠近广州。船只越来越多，挤满了水面，我们几乎无法通过。广州城占地约68平方英里，大部分地区为厚20英尺、高达25英尺的城墙所包围。城墙三面更有护城河保护，涨潮时河中灌满水，退潮时则只有令人作呕的秽物了。全城有12座外城门与两座水城门。船只可经水城门从东至西穿新城而过。日落时分所有城门都关闭。街道狭长而弯曲，房屋

很少有高于两层的。城内有约2000名和尚及尼姑，超过任何其他宗教团体。还有一座清真寺，寺内有高塔。

广州的行会组织非常有势力。许多会堂属于这些团体，由它们使用。行会似乎很能左右民众的观点。举例来说，上次在广州时，一艘属于一家英国公司的汽船上发现死了个中国人。虽然医生鉴定是自然死亡，但此事引起轩然大波，会堂中多次举行会议，反英情绪大涨。

中国的当铺是极为普遍，又引人注意的地方。当铺有三等。头等当铺为实力雄厚的公司所有，店铺多坚固气派，是广州除宝塔以外最宏伟的建筑了。它们方正高大，叫人想起英国以前的边境哨所。窗户装有铁栏杆，大门也是铁的。营业处在地下，储藏室则在楼上。

二等当铺多由合股公司经营。而三等当铺有些是由警察、衙门里当官的，甚至是富有的犯人经营。利息出奇地高，冬天或许会降些以让穷人能赎回冬衣御寒。典当商的执照非常贵，尤其是那些二等当铺的。他们收益的很大部分被当官的缴获了去。后者在全国各地是以巧取豪夺而闻名的。人们去当铺大多是为筹资操办红白喜事。像苏格兰人一样，中国人在这两项上是极为铺张的。

中国，尤其是广州的船民自成一景。其他任何地方达不到如此大的规模。成千上万的船只聚在一起，上一刻还挤挤挨挨，下一刻却生龙活虎，万舸争流。

这是多么奇特的场景啊！各色船只，船尾高翘的大帆船也好，极小的舢板也好，成了这一群群男女老少的家。他们在船上生老病死，有的到死都不离船到岸上安葬，而将自己

珠江渔舟

珠江疍民

最后的安息之地选在了水底。远近是船。盖船篷的材料五花
八门，从装配合适的船篷，到将就铺在弯棍搭成的架子上的
席子都有。前者还垂下一点以起到更好的遮挡作用。它们似
乎很安静，突然，有一把桨划动了起来，或有桅杆和船帆
升起。一艘船在船堆里推搡着挤出来，船群也随之骚动起
来，通常还伴以高声谈话，然后它才驶进航道，开始旅程。

在东方，所有本地船都画有眼睛，中国人的理由是——

没有眼睛，就什么也看不见，

什么也看不见，就无法航行。

住在广州的洋租界沙面，如果不是能远眺到江上的船民
的话，你可能会以为身在欧洲。沙面原只不过是一片泥滩，
现在则是规划整齐、如花园般的住宅区。道路铺设平整，网
球场边有浓密的菩提树遮阴。但穿过小岛眺望港湾另一边的
老城，你会意识到这是中国众多人口稠密的城市之一。又会
见到大批船只，装了各种农产品。驾船的男女老少都有。有
的船由船尾的蹼轮驱动，船工用踏车带动蹼轮；有的用单
橹；还有一些小船竟然是用脚划，船工坐在船上，就像我们
用手似的，用脚趾抓住船桨。这种船也是最快的，我想多是
用来运送信件。

跨过英格兰桥①就是广州，中国南部最有传统风味的城
市。那些别具一格的小街上几乎遮天蔽日地挂满了各种漂亮

① 沙面通往广州有东西两座桥。东桥旧称法兰西桥，英格兰桥即西
桥。——译者注

从五层楼附近城墙眺望广州，远处是花塔

又奇异的招牌。街道狭窄昏暗，潮湿易滑。拥挤吵闹、行色匆匆的人们专注于自己的事情。但还是抽空瞟一下我这奇装异服的洋人，有时带着怀疑的神色，但大多数时候是觉得好笑。

　　但是还得小心，如果没有向导的话，走几分钟你就糊涂起来，然后就彻底迷了路。这里的街道无疑是全世界最有特色的。将来等人们对洋人的怀疑消去后，某些造诣高的画家手中的画笔会证实这一点。当时因反英情绪盛行，我无法在街上支画架，还被警告不要招来人群。

　　我们一路颇费周折，走了好几条街，看了寺庙和其他新奇景物，还逛了各种店铺。店里有卖精美的刺绣背心的，有从事将翠鸟羽毛镶嵌到银器上这样精巧的装饰工艺的。

你踱入一间店铺，店门在身后关闭。你正疑惑下面会发生什么，伶俐的年轻男店员已开始向你展示早就吸引你的商品。可能还会敬上一杯不加糖或奶的绿茶。虽然你对泡茶的水质有些怀疑，但还得喝下去。讨价还价是很普遍的事。没人会按报价付钱。中国人是欣赏那些懂得怎样杀价的顾客的。

这一切都多么奇特啊！与世界上其他地方的景物是多么的不同啊！

广州的水和小镇上的写生

步行横穿市区，就到了城墙边。这段路程很长，游客大多乘坐由4个苦力抬着的轿椅。他们大声吆喝着让道，如遇到对面另一乘轿椅，会紧贴路边的店铺让对方通过。沿城墙可走到著名的五层楼下。这附近是观赏广州城全景的最佳地点。庄严华丽的塔楼俯瞰全城，到处能见到高耸的方形建筑，即前文提及的当铺。多美的景致啊！绿树掩映之中是庙堂的飞檐翘角。苍茫的天空下，四下尽是灿烂的阳光和诱人的美景。看到这些，很难让人想起下面的拥挤肮脏和尘土飞扬。

中国人认为旧城墙一定要修复，甚至还要重修用来遮挡古炮的屋顶，好像它们还有什么用处似的，这很让人费解。这些旧铁炮在古代有效地保卫过城市免受敌人的入侵，如今则散落在地上，锈迹斑驳，一无所用。

从这里望向城墙外起伏的原野，在我眼里那是一大片墓地。成百上千座小石碑见证了这里是几代广州人最后的安息之地。不时还可以看到做工考究的墓碑，多呈半圆形，显示该处是某位显要人物的墓地。

陵园是个很特别的地方。这里有成片的庙宇和陵墓。那些负担得起的，将家中亡人的遗体置于棺材中，在法师宣告应该在何时何地安葬之前，一直停放在这里。棺材富丽堂皇，有的还上过漆并装饰过。我想遗体在这庄严之地停留的

时间一定主要取决于亲属的富有程度。

来这里的路上我见到一队送葬的行列。棺材上绑着各种食物，其中有一只活公鸡。从它那洪亮的啼叫声可以想见尽管站得很不稳当，它似乎还挺自在。

另一处有趣的地方是五百罗汉堂。入口处有巨大的石像守门。主殿内五百尊罗汉成行排列。每尊罗汉前放着一个瓷制或铜制的小瓶，供拜佛的人插香用。罗汉本身神态各异，从面前插香的数量，可以知道某几尊显然要比其他的更受欢迎。罗汉均厚厚地镀了金。有些刚镀不久，还有些则明显是受了冷落。想来那些罗汉不是很讨喜，因此也不必号召虔诚的信徒用给佛镀金来显示对它们的信仰。其中特意指给外国人看的一尊是马可波罗像。虽然他是个伟大的旅行家，但如果他的相貌与这尊像有任何一点相似的话，他长得真不是很美。

旧英国衙门几乎位于市中心，曾是一位广东籍清朝大官的宅邸。英国人攻下广州时，没收了这座美丽的住宅，将它作为英军代表的住所。多年来这里由英国领事及其职员占用。但如今，这些官员们住到了建在沙面的现代住宅中，旧衙门就成了派驻到此的领事馆学员学习中文的地方。一个星期天，我与朋友一起去那里拜访。它的宁静幽美将我深深地打动了。四处是绿树、石铺小路和平台，就像是肮脏吵闹的广州市内的一片绿洲。想拜访的学员们不在，自然我们被热情邀请入内，边饮些凉茶边等候。就在我们坐在平台上抽烟聊天的当儿，沿大门口奔进几匹极粗壮的小马驹来。骑马的是我们的朋友。马和人身上溅满了泥点，可见他们这次出行一定漫长而艰难。马驹较小，毛为杂色，未经修剪过。这队人马奔进这座与世隔绝的花园时，长长的马鬃马尾和骑马人的各色装束让他们看起来颇为野性。

广州的水非常独特。有一天我在护城河边写生时发生的故事让我明显地意识到这一点。我正在画对岸一组独特的建筑——一所厘金局时，一位中国老人走上前来，对我的画很感兴趣。他前后左右地看了个遍，又想用长长的指甲去摸它。最后他问我是用什么画的。我还没回答，他就拿起水洗中的一支笔来，放到鼻子跟前闻了闻，说："啊！和广州的水一个味。"

从老城传来的古怪喧闹声一定程度上打扰了我在此地前几夜的睡眠。那时春节刚过。蚊帐周围蚊子嗡嗡乱舞，偶尔还钻进几只来。加上中国唢呐的奇特响声、大鼓或手鼓的嘭嘭声，还有附近提醒大家小心的叫声，让我觉得自己恍若置身于一个在别处任何地方都无法找到的国家。

我还游览了澳门炮台[1]，过去英军突袭并占领过这里。现在的它看来小得可怜。

一天，我与一位年轻朋友坐船沿河而上，到了一个离广州稍远的小镇。我以为这里会激发些艺术的灵感，但镇上的人们立即将我们团团围住，他们恐怕不经常见到外国人。好不容易看过几座并无什么特色的寺庙，穿过一个门洞后，我们来到镇上一条有趣的小街。街面非常狭窄，两旁店铺林立，满眼是明快绚丽的色彩。我立即决定画幅小街的速写，于是找到墙角一个低丘上的位置。周围的人群渐渐密集起

---

① 即车歪炮台。

来，人声也越来越嘈杂。一看到我打开颜料盒，人们即觉得在这种场面上"强权即公理"，他们推搡着争夺靠前的位置，闹声震耳欲聋。有我的朋友在一边努力阻止人群靠得太近，我在那儿稳稳坐了两个小时。然后正当我放弃准备离开时，却获知他们要看我画的是什么。于是我的速写被轮番传阅，仔细研究，最后交还给我。好几位长者和蔼地鞠躬表示赞赏。人群伴着我们回到船上。我的朋友笑谈道，如果早知道，他们很可能会安排得好一些，将前面的位置卖给出价最高的人。

广州周围的河上有许多养鸭人。一条旧舢板，伸出几块木板浮在水面上，就成了养鸭人一家及鸭子的住所。鸭子数量众多，半水上半陆地放养。在水上时就那样住着，有时则赶到岸上合适的地方去找食。养鸭人用一根长长的细竿赶鸭子，而鸭子们就像是在军官指挥下的一个军团。

我是吃过中国鸭子的，但不会再吃了。

美国农学家金博士：
中国人的农耕智慧

于 1909 年

弗兰克林·哈瑞姆·金（Franklin Hiram King，1848—1911）是美国著名的农业科学家，曾任威斯康星大学农业物理系主任。1889年，他设计并建造了世界上第一个，如今遍布全球的圆柱形谷仓。由于他在农业科学的许多领域，特别是土壤学方面有着里程碑式的建树，被称为"土壤物理学之父"，并于1901年受邀担任美国农业部土壤署土壤管理局局长（Chief of the Division of Soil Management）。为了纪念他，威斯康星大学麦迪森校区把他工作过的农业物理教学楼命名为"金氏楼"（King Hall）。

1909年，他用9个月的时间走访了中国、朝鲜和日本，考察传统的农业实践，从中发现了东方，尤其是中国人民4000年来积累的耕作经验中的大智慧，印证并充实了他的有机、可持续发展农业的理论。他把这次考察之旅的收获写成了一本书《古老的农夫 不朽的智慧——中国、朝鲜和日本的可持续农业考察记》（*Farmers of Forty Centuries，or Permanent*

弗兰克林·哈瑞姆·金

Agriculture in China, Korea and Japan）。2013年，该书中文版由李国庆和李超民合译，作为《亲历中国》丛书之一种在国家图书馆出版社出版。

金博士一生出版过7部著作，以本书影响最为深远，自1911年出版以后，便成为这一学科必备的参考书，不断重印。最近更有该领域的专家评论说，历史常常以反讽的形式重复。中国以及东亚诸国自19世纪以来在大规模地学用西方的农业方式，大规模地城市化，金教授所描述的农业实践如今大部分消失了，却在西方国家，特别是英国和美国，日趋繁荣。金氏农业经济学理论也从不合时宜而变为有先见之明了。除了此书本身的学术价值之外，正如L.H·贝利博士在序中所说，当今世界上，有关自然史的游记很多，有关风景和事件的则是太多了，而伟大的农业旅行家和描述真实并意义重大的农村状况的书籍却太少。换言之，农业旅行记是个尚未充分开发的领域。同样的情况也出现在有关广州的游记当中。所以以下从该书摘编出来的有关广州和周边地区有关农业的文字，虽然不多，也属十分宝贵。

农民农田农具

　　3月8日，我们启程去广州。那是个多云的傍晚，回顾香港，景色壮美！我们离开的其实是3个城市。一个是香港，万家灯火沿着陡峭的山坡一直向上，仿佛是天空星群的一部分，最亮的一颗是木星亮度的3倍。另一个是港湾对面的新旧九龙。在这两个城市之间是第三个城市，一个在海峡中间，由舢板、平底船和各种大小不同的近岸小船组成的城市。它在警察的严密管制下，每天天黑后形成一个个街区和街道，早晨来临就会散去。傍晚过了固定的时辰，谁也不能出入四周空旷的水域，除非经过指定的码头，还得经警察的许可。警察身上是揣着舢板号牌和主人姓名的。海湾上空有三座探照灯来回扫射，这些平底帆船和其他小船在强烈的灯光扫射下，犹如巨大的萤火虫，一会儿消失，一会儿再现，十分诡异。就是这样一座海峡中间的城市，有灯光照耀、有警察监视、有严格的管制措施以减少事端，可还是总有人夜间离开码头，登上海湾中间的某些船，然后就消失得无影无踪了。

　　经水路到广州的距离大约是90英里。第二天一大早，我们的轮船就在沙面的外国租界外抛锚了。由于维礼德（Amos P. Wilder）①总领事帮忙给广州格致书院发了封电报，他们派了小汽船来，把我们直接带到了位于河南岛的校园。河南

---

　　① 美国缅因州人。1906年任驻香港总领事一职，1909年调任美国驻上海总领事，直到1914年。——译者注

阶梯式菜地

岛位于坐落在大三角洲上的广州城南。三角洲是由西江、北江和东江带来的沉积物，经过很多世纪沉积而来的，且由于人口稠密，土地一经成型，便被开垦为一块块方方正正的农田，被耕作成了最肥沃的土地，为人们提供着充沛的衣、食和燃料。

　　也正是在河南岛，我们第一次在坟地里走过——因为广州格致书院就坐落在一片坟地里——并且得知，坟墓是不能乱动的，不管它有多么老旧。校园的开发建设要么慢慢等待必需的移坟许可，要么就把馆舍修建在并非最适宜的地方。牛在坟地里吃着草，附近还有些小男孩看着一群250多只褐色的鹅，其中2/3是成鹅，它们完全以这片坟地和附近的水面为生。在广州，一只成鹅可卖1.2元（墨西哥币），约等于52美分^①。但是，一个工人的日工资只有10美分或者15美分，怎么能买得起鹅给家人吃呢？也正是在这里，我们领教了中国人的吃苦耐劳。他们永不停息地侍弄土地，不怕阳光暴晒，不怕风吹雨淋，生产着有用的东西。土地在漫长的夏季已经收获了两季稻谷，还要再次被不辞辛劳的双手翻成大大的田垄，从而在冬季再收获一次蔬菜。

但是，密植和连作非常耗费地力，因此需要不断地加以恢复，即通过增施大量能够快速转换为植物所需养分的肥料。和我们在香港跑马地见到的情形一样，在河南岛上，到处能看到全神贯注、不辞辛劳为作物施肥的人们。一艘停靠在运河上的船一大早从广州驶来，装了两吨人粪。人们在忙着加水稀释，然后用下图中的桶肩挑到地头，按照一英亩16000加仑的比例给韭葱施肥。具体方法是用一个长柄、容积为一加仑大的勺子，把粪便从粪桶里舀出来，浇到地里。菜农光着脚，裤管挽到膝盖上方，在两垄之间的水中蹚来蹚去。这是他们很多种"喂庄稼"的办法之一，他们还有其他的方法来"肥田"。

其中的一种我们在河南岛上头一次见到。运河中的泥巴被收集起来，装上船，运到田头，经过处理，晒干后撒到地里。所有"喂庄稼"的物质和肥田的东西本来是废物，不利于本地区的产业发展。但是，中国人却能变废为宝来维持生命。人类的排泄物是必须处理的东西，中国人把它们还回大

---

① 原文是gold。美国名义上在1900年正式实行金本位制，但在1873年就停铸银元了。——译者注

粪坑、粪缸

地，我们却排入大海。他们这样做，仅施肥一项，每100万成年人每天就能积攒1吨（2712磅）磷肥和2吨多（4488磅）钾肥。淤泥积在运河中会阻塞航道，必须清除；然其中含有大量的有机物，施到地里既能够增加土壤的腐殖质，同时也能增加田地跟河渠的落差，利于排水。所以，淤泥被转换成肥料，同时也更有效地使用了本来要用来疏浚河道的劳力。

　　一大清早，我们乘汽艇往广州格致书院，并经许可得以游览其他三座学院。一切显得新奇、诱人，而且充满人生的乐趣。广州水乡的民众很是令人惊奇，这并不是由于他们数量众多，而是他们的敏捷和健壮，他们闪亮的眼睛和开心的笑脸，特别是妇女，无论老少。总是看到一个或多个女子，最常见的是母亲和女儿，很多时候是祖母，满面皱纹、白发苍苍而依然强壮，飞快而有力地用桨摇着帆船、家居船和舢板。有些是夫妻档，也多次看到一家人一船，驾着既是家居也是货运的船只。幼童从意想不到的窟窿向外偷眼观望。有的小孩的腰上拴着带子，以防落水。猫同样也被拴着。母鸡也透过高悬的格子状的船尾，伸长了脖子，希望瞧瞧它们无法到达的地方。不管是成年男女，还是男孩女孩，都不戴帽子，赤着脚，穿着短裤，装束一样，能熟练地摇桨划船。这些孩子从小就日日夜夜在浪潮滚滚的河上度过，除了大雾和阴天，完全是在露天的阳光之下长大的，远离满是尘土和污秽的街道，所以如果能够存活，一定会长得强壮。从外貌来看，妇女似乎比男人更有精神，也更健壮。

时常看见有船在卖各种各样冒着热气的饭菜。其中的一种是绿叶包裹的米饭，3小包一串，用草绳扎好，热气腾腾地递给客人。客人或是来自经过的帆船，或是回港出港的大船。有的人买热水泡茶，还有的人会递上一个铜板，换取一小块棉布。棉布是用热水沾湿后再拧干的，客人用它擦把脸再还回去。

恐怕没有什么东西能比他们最小价值的货币单位，就是他们日常进行零碎交易的铜钱，更加能够反映他们谋生手段的琐碎和经济活动的细致了。美国的太平洋沿岸与世界其他地方相比，是最不重视微小经济活动的。镍币是日常使用的最小货币单位，价值一美元的1/20。美国其他地区和大部分操英语的国家，100美分与半便士等值。1美元等于俄罗斯的170戈比（kopecks），墨西哥比索的200分（centavos），法国的250生丁（two-centime），在奥匈地区等于250黑勒尔（two-heller）。而在德国，1美元能换400芬尼，在印度能换400派（pie）。与我们的1美元等值的还有芬兰的500便士（penni）和保加利亚的500斯托丁基（stotinki），意大利的500分（centesimi）和500荷兰半分币。在中国，日常用的钱单位更小，需要用1500或者2000个铜钱才能兑换1美元。中国铜钱的购买力随银价每日都在波动。

在山东省，我们问农民粮食的售价。他们回答："420斤小麦卖35串铜钱，1000斤麦秸卖12串或者14串铜钱。"据我的翻译说，当时一串铜钱等于40分（墨西哥币），而一串铜钱似乎是250个。在上海，我有两次在街上看见独轮车载着沉沉的钱串，不遮不盖，看起来更像是一串铜，而不是铜钱。在青岛的一个货栈里，一个搬运工把货卸完后，拿到的报酬就是这样的铜钱。账房先生站在门口，脚下放着一个口袋，里面是半蒲式耳（bushel）①零钱。他一手从码头装卸工手里接过竹签，计算每人干活的多少，另一只手付出报酬。

再让我们看一看卖热水的情况。送我们上岸的是一对母女划的舢板。舢板的中央装修成了小客厅模样。橱柜上放着一只大保温锅，跟我们的完全一样，里面是烧开的热水，用来泡茶。在这里，这种设施和习俗延续了很多世纪。几百年以来，热茶是最普遍的饮品，无疑是一种防止伤寒之类疾病的办法。没有几种蔬菜是生吃的。除了腌制或者盐渍的之外，所有食物要煮熟或加热后才吃。开办食品铺子的住家船

---

① 英制的容量及重量单位，于英国及美国通用，主要用于量度干货，尤其是农产品的重量。通常1蒲式耳等于8加仑（约36.37升）。——译者注

在运河上来来往往的帆船中间游弋。这种船上设有隔舱，与运河水相通，鱼就存放在里面，以保持鲜活。大街上的市场也一样，鱼养在大水桶里，细细的水流从高台上流下来给鱼换气。活鱼当着客人的面宰杀，卖不掉的重新放回到水里。家禽多数也是活的整只出售，尽管我们也看到有煮熟的家禽，呈绛红色，显然是烘烤过的，露天悬挂在广州狭窄的街市上，只有半透明的牡蛎壳格窗遮挡太阳。也可能这些家禽是油炸过的，吃的时候还同样要加热。不管是哪一种情况，这里的人无疑是遵循了严格的卫生标准来操作的。

有件事我们一直不完全明白，那就是无论我们到哪里，很少发现苍蝇。我们在美国度过的夏天，从来没有像在中国、朝鲜和日本这样，不受苍蝇骚扰。也许是我们的经历特殊；即便是这样，那也不能说是来访季节的原因，因为每年的4月，我们在佛罗里达南部会见到大量的苍蝇，因而苍蝇拍成了餐桌必备的用具。这些国家如果是因为如此严格、认真地大范围处理了废弃物，减少了苍蝇公害及其对健康的威胁，那可真是巨大的收获。苍蝇在我们国家每年滋生的数量以百万计，其危害严重到难以忍受的地步之后，我们才花上数以百万计的钱，制造帘子和杀蝇剂，结果也只不过是稍稍减少了苍蝇的密度及其危害而已。

在广州，商店里卖的和运河中使用的器具证明，中国人的创造力很强，尽管很多器具的形式极其简单。下图所示就是一个简便而高效的脚踏水车。父亲和两个儿子正在汲水，其速度可以达到每10小时灌溉7.5英亩的田地，水深1英寸，成本包括工资和饭食则只有36—45美分。

脚踏水车

　　还是在这儿，有一种尾部装有舵轮的客船，可以容纳30—100人，也是用脚踏来提供动力的。踏脚横向装在船尾，根据船的大小，人站成一排或者两排用脚踏动。这种船的船费，每15英里路程是1美分，只是我们铁路费率的1/30。广州及其周边的运河和水渠的疏浚与清淤，也使用了同一种脚踏动力的装置，一般是由住在挖泥船上的人家来操作的。他们使用的是一种用粗大的竹篾编成的刮板式挖泥箕，上面装了一根竹子做导杆。挖泥箕底部拴上一根绳子，缠绕在从脚踏板伸出来的轴上，由3个人或更多人踩动。一旦挖泥箕到了轴附近，离开了水面，就被拉到船上。把淤泥倒空后，再用一

个像旧井刷一样的长柄推回去。绳的长短要看从挖泥箕到另一个荡过来的杠杆底部的距离。从城里的运河和渠里挖起来的淤泥，大部分都运到稻田和桑树地里了，城市周围有很多这种农田。水渠是开放式的。渠边的土地不断升高到水害线以上，而水渠里沉积层中的植物养分和有机物被保留下来，维持着地的肥力。

那个男孩的旋转式圆锯所涉及的机械原理，在广州和其他很多地方也在应用。比如制作装饰品时，用以操作小型钻具和其他打磨、抛光工具。在金属上钻孔时，钻头安装在一根直棒上，通常是用竹子做成的，顶部装上能旋转的重块儿，用两根绳子驱动钻头，绳子的一段系在做驱动的重块下端，另一端则系在一个交叉的手柄上，中间是一个孔，孔中间穿过带钻头的直棒，用手抓住钻的工作部位，然后旋转钻轴，两根绳子就会顺着钻轴绞起来。手柄在双手向下压力的作用下，将两根绳子放开，钻头就转动起来了。压力释放之后，重块儿又会绞起绳子，再向下压，钻头就又开始钻孔了。